# Grundlagen von Airbnb-Hypothekendarlehen

## Wie Hypothekendarlehen für Kurzzeitvermietungen funktionieren und wie man sich qualifiziert

*Von Joseph G. Correa*

*Lizenzierter Hypothekenmakler, Finibi Mortgage*

## Urheberrecht & Rechtlicher Hinweis

Veröffentlicht von Live Stronger Faster



Die in diesem Buch bereitgestellten Informationen dienen ausschließlich Bildungs- und Informationszwecken und sind nicht als finanzielle, rechtliche oder steuerliche Beratung zu verstehen. Leser werden ermutigt, vor finanziellen oder immobilienbezogenen Entscheidungen lizenzierte Fachleute zu konsultieren.

Erste Auflage, 2026

# Inhaltsverzeichnis

# Vorwort

Die Welt der Immobilieninvestitionen hat sich in den letzten Jahren dramatisch verändert, und im Zentrum dieser Transformation steht der Aufstieg von Kurzzeitvermietungsplattformen wie Airbnb. Was einst als Nischenstrategie galt, die hauptsächlich Ferienhausbesitzern und Fachleuten aus der Hotellerie vorbehalten war, hat sich inzwischen zu einem der leistungsstärksten Instrumente für den Vermögensaufbau moderner Investoren entwickelt. Dieser Wandel hat eine völlig neue Finanzierungskategorie hervorgebracht – Airbnb-Hypothekendarlehen – die speziell darauf ausgelegt sind, den Erwerb, die Refinanzierung und die Skalierung von Kurzzeitvermietungsimmobilien zu unterstützen. Band 1 der Reihe „Airbnb Mortgage Loan Mastery" bildet Ihre Grundlage, um diese neue Landschaft zu verstehen. Er wurde entwickelt, um Ihnen Klarheit, Sicherheit und einen strategischen Vorteil in einem Markt zu verschaffen, in dem traditionelle Regeln nicht mehr gelten.

Im Gegensatz zu herkömmlichen Immobilien funktionieren Airbnb- und Kurzzeitvermietungsobjekte mit einem dynamischen Einkommensmodell. Statt fester monatlicher Mieten generieren diese Immobilien Einnahmen auf Basis von

Übernachtungspreisen, saisonaler Nachfrage, Auslastungstrends und der Gästeerfahrung. Diese Variabilität bringt sowohl Chancen als auch Komplexität mit sich. Traditionelle Kreditgeber, die stark auf stabile Einkommensströme und die Einkommensprüfung des Kreditnehmers angewiesen sind, sind oft nicht darauf ausgelegt, diese Art von Investitionen zu bewerten. Daher ist eine neue Klasse von Kreditprodukten entstanden, die speziell darauf ausgerichtet sind, das Ertragspotenzial der Immobilie selbst zu bewerten, anstatt sich ausschließlich auf das persönliche Einkommen des Kreditnehmers zu stützen. Das Verständnis dieser Kredite ist der erste Schritt, um ihr volles Potenzial zu nutzen.

Im Kern ist ein Airbnb-Hypothekendarlehen nicht nur ein Kredit – es ist eine Strategie. Es stellt einen Wandel von der kreditnehmerbasierten zur objektbasierten Qualifikation dar. Anstatt zu fragen: „Wie viel verdienen Sie in Ihrem Job?“, fragen Kreditgeber zunehmend: „Wie viel kann diese Immobilie erwirtschaften?“ Dieser grundlegende Perspektivwechsel eröffnet eine Vielzahl neuer Möglichkeiten für Investoren, die unter traditionellen Richtlinien möglicherweise nicht qualifiziert wären. Selbstständige, Unternehmer, digitale Nomaden und sogar Anfänger ohne umfangreiche Einkommensnachweise erhalten Zugang zu

Finanzierungsoptionen, die besser zu ihrer tatsächlichen Einkommens- und Investitionsstruktur passen.

Eine der wichtigsten Unterscheidungen, die Sie in diesem Buch lernen werden, ist der Unterschied zwischen traditionellen Hypothekendarlehen, DSCR-Darlehen und Non-QM-Darlehen (Nicht-qualifizierte Hypotheken). Traditionelle Darlehen sind für selbstgenutzte Immobilien und langfristige Mietobjekte konzipiert. Sie erfordern vollständige Dokumentation, einschließlich Steuererklärungen, Gehaltsnachweisen und strengen Schulden-Einkommens-Verhältnissen. Obwohl diese Kredite oft niedrigere Zinssätze bieten, sind sie in ihrer Flexibilität und Skalierbarkeit begrenzt, insbesondere für Investoren, die schnell wachsen möchten.

Im Gegensatz dazu stellen DSCR-Darlehen (Debt Service Coverage Ratio) einen revolutionären Ansatz in der Finanzierung von Anlageimmobilien dar. Diese Kredite konzentrieren sich auf die Einnahmen, die die Immobilie selbst generiert. Die DSCR-Kennzahl misst, ob die Mieteinnahmen ausreichen, um die Hypothekenzahlungen zu decken. Bei Airbnb-Immobilien bedeutet dies, dass Kreditgeber möglicherweise prognostizierte Kurzzeitmieteinnahmen anhand spezialisierter Datenquellen bewerten, anstatt sich ausschließlich auf langfristige Mietvergleiche zu stützen. Dadurch entsteht ein leistungsstarker Weg zur Finanzierung ohne klassische Einkommensprüfung, was eine schnellere Skalierung mit weniger Hürden ermöglicht.

Non-QM-Darlehen erweitern diese Möglichkeiten zusätzlich. Sie sind für Kreditnehmer gedacht, die außerhalb konventioneller Richtlinien liegen. Dazu gehören beispielsweise Darlehen auf Basis von Kontoauszügen, vermögensbasierte Darlehen oder hybride Programme. Für Airbnb-Investoren bieten Non-QM-Darlehen große Flexibilität bei der Strukturierung von Finanzierungen, insbesondere bei komplexen Einkommenssituationen oder ungewöhnlichen Immobilientypen. Zu verstehen, wie und wann man diese Optionen nutzt, ist ein entscheidender Bestandteil der Beherrschung der Airbnb-Finanzierung.

Ein weiteres zentrales Konzept in diesem Buch ist die Grundlage der Einkommensqualifikation bei Kurzzeitvermietungen. Im Gegensatz zu langfristigen Mietverhältnissen, bei denen das Einkommen relativ stabil ist, erfordert Airbnb-Einkommen eine differenziertere Analyse. Faktoren wie durchschnittlicher Tagespreis (ADR), Auslastungsrate, Saisonalität, lokale Nachfrage und

Managementeffizienz spielen eine entscheidende Rolle bei der Bestimmung des Einkommenspotenzials. Kreditgeber nutzen häufig Tools wie AirDNA-Berichte, Marktvergleiche und Gutachten, um diese Einnahmen zu schätzen. Als Investor kann das Verständnis und die richtige Präsentation dieser Daten Ihre Chancen auf eine Finanzierung erheblich verbessern.

Ebenso wichtig ist die Frage, wer sich für Airbnb-Hypothekendarlehen qualifizieren kann. Einer der spannendsten Aspekte dieses Modells ist seine Zugänglichkeit. Sie müssen kein erfahrener Investor mit großem Portfolio sein, um zu starten. Anfänger können mit der richtigen Strategie in den Markt eintreten, insbesondere durch DSCR- oder Low-Doc-Programme. Selbstständige, die bei traditionellen Krediten oft Schwierigkeiten haben, profitieren besonders von vermögens- und objektbasierten Ansätzen. Auch einkommensstarke Personen, die keine umfangreiche Dokumentation offenlegen möchten, finden hier oft effizientere Lösungen.

Dieses Buch soll Ihr Denken von Einschränkungen hin zu Möglichkeiten verändern. Anstatt zu fragen, ob Sie unter veralteten Regeln qualifiziert sind, lernen Sie, wie Sie Ihr Profil und Ihre Deals so strukturieren, dass sie den modernen

Kreditstandards entsprechen. Sie beginnen, Finanzierung nicht als Hindernis, sondern als Werkzeug zu sehen – ein Werkzeug, das optimiert, genutzt und skaliert werden kann. Dieser Perspektivwechsel unterscheidet Gelegenheitsinvestoren von denen, die bedeutende Portfolios aufbauen.

Im weiteren Verlauf dieser Reihe werden Sie von den Grundlagen zu fortgeschrittenen Strategien übergehen. Sie lernen, wie man DSCR speziell für Airbnb berechnet, wie man die erste Immobilie effizient erwirbt, wie man mehrere Objekte skaliert und wie man durch Refinanzierung Eigenkapital freisetzt. Sie werden Nischenstrategien wie Luxus-Airbnb, Ferienimmobilien und Mehrfamilienobjekte kennenlernen. Am Ende werden Sie in der Lage sein, nahezu jede Airbnb-Investition strategisch zu strukturieren.

Doch alles beginnt hier – mit einem tiefen Verständnis der Grundlagen. Dieses Buch schafft die Basis für alles Weitere. Es hilft Ihnen, die Sprache der Airbnb-Finanzierung zu verstehen, die Logik hinter Kreditentscheidungen zu erkennen und strategische Entscheidungen sicher zu treffen. Es bereitet Sie auch darauf vor, effektiv mit Kreditgebern, Maklern und Partnern zu kommunizieren.

Die Chance im Bereich Kurzzeitvermietung liegt nicht nur im Besitz von Immobilien – sondern in der Kontrolle von Einkommensströmen, der Nutzung von Daten und der strategischen Finanzierung zur Beschleunigung des Wachstums. Erfolgreiche Investoren sind nicht unbedingt die mit dem meisten Kapital, sondern die, die wissen, wie man Chancen mit der richtigen Finanzierungsstruktur kombiniert.

Während Sie diese Reise beginnen, denken Sie daran: Es geht nicht nur darum zu verstehen, wie Airbnb-Hypothekendarlehen funktionieren – sondern sie zu meistern. Muster zu erkennen, wo andere Verwirrung sehen. Chancen zu identifizieren, wo andere Risiken sehen. Und ein System aufzubauen, das es Ihnen ermöglicht, Kurzzeitvermietungen klar, strategisch und profitabel zu finanzieren.

Willkommen zu Band 1: Grundlagen der Airbnb-Hypothekendarlehen. Hier wird Ihr Fundament gelegt, Ihre Strategie beginnt, und Ihr Weg zu skalierbarem, einkommensgenerierendem Immobilienvermögen startet.

*Kapitel 1*

# Was Airbnb-Hypothekendarlehen anders macht

Die Entwicklung der Immobilieninvestitionen war schon immer eng mit Innovation verbunden, doch nur wenige Innovationen haben die Branche so tiefgreifend verändert wie Kurzzeitvermietungsplattformen wie Airbnb. Was früher den Besitz von Hotels, Franchisevereinbarungen oder Erfahrung im gewerblichen Immobilienbereich erforderte, kann heute von ganz normalen Menschen umgesetzt werden – mit der richtigen Immobilie, der richtigen Strategie und vor allem der richtigen Finanzierung. Dieses Kapitel soll aufzeigen, was Airbnb-Hypothekendarlehen wirklich von traditionellen Hypothekenprodukten unterscheidet und warum das Verständnis dieser Unterschiede entscheidend ist, wenn Sie im Bereich der Kurzzeitvermietung erfolgreich sein wollen.

Auf der grundlegendsten Ebene beginnt der Unterschied bei der Art der Einkommensgenerierung. Traditionelle Immobilieninvestitionen basieren auf langfristigen Mietverträgen, die in der Regel 6 bis 12 Monate oder länger laufen. Dadurch entstehen vorhersehbare und stabile Einnahmen, auf die sich Kreditgeber historisch bei der

Risikobewertung verlassen haben. Im Gegensatz dazu arbeiten Airbnb-Immobilien auf täglicher oder kurzfristiger Basis. Die Einnahmen schwanken je nach Auslastung, Preisstrategie, Standortnachfrage, Saisonalität und Qualität der Immobilie. Dies führt zu einem dynamischeren Einkommensprofil – eines, das langfristige Vermietungen oft übertreffen kann, aber auch komplexer zu analysieren ist.

Aufgrund dieser Komplexität wurden traditionelle Hypothekenrichtlinien nie dafür entwickelt, Airbnb-Einnahmen korrekt zu bewerten. Ein Kreditgeber prüft bei einem klassischen Kreditantrag in der Regel Einkommen aus Angestelltenverhältnissen, Steuererklärungen, Gehaltsabrechnungen und eine stabile Beschäftigungshistorie. Bei Anlageimmobilien werden häufig langfristige Mietverträge oder marktübliche Mieten berücksichtigt. Airbnb-Einnahmen passen jedoch nicht in dieses Schema. Sie erscheinen möglicherweise nicht konstant in Steuererklärungen, insbesondere bei neu erworbenen Immobilien, schwanken stark von Monat zu Monat und übersteigen häufig die Einnahmen, die durch traditionelle Mietanalysen ermittelt werden.

Diese Lücke zwischen traditioneller Kreditprüfung und modernen Investitionsstrategien führte zur Entwicklung spezialisierter Kreditprodukte, insbesondere DSCR-Darlehen und Non-QM-Darlehen. Diese Darlehensarten bewerten die Leistung der Immobilie selbst und nicht das persönliche Einkommen des Kreditnehmers. Mit anderen Worten: Die Immobilie wird zur primären Grundlage für die Kreditentscheidung. Dies ist ein grundlegender Wandel, der die gesamte Struktur von Immobiliengeschäften verändert.

Bei Airbnb-Hypothekendarlehen konzentrieren sich Kreditgeber zunehmend auf eine zentrale Frage: Kann die Immobilie genügend Einnahmen generieren, um die Schulden zu tragen? Hier kommt das Konzept der Debt Service Coverage Ratio (DSCR) ins Spiel. Anstatt das Verhältnis von Schulden zu Einkommen des Kreditnehmers zu berechnen, misst DSCR das Verhältnis zwischen den Einnahmen der Immobilie und ihren Ausgaben, einschließlich der Hypothekenzahlung. Wenn die Immobilie ihre Kosten decken und idealerweise einen Überschuss erwirtschaften kann, gilt der Kredit als weniger riskant – unabhängig von der Beschäftigungssituation des Kreditnehmers.

Ein weiterer wesentlicher Unterschied liegt in der Art und Weise, wie Einnahmen geschätzt werden. Bei langfristigen Vermietungen verwenden Gutachter vergleichbare Mietobjekte, um die Marktmiete zu bestimmen. Bei

Airbnb-Immobilien ist dieser Ansatz oft unzureichend. Stattdessen greifen Kreditgeber auf spezialisierte Datenquellen zurück, wie Kurzzeitvermietungs-Analyseplattformen, historische Buchungsdaten oder Gutachten mit Kurzzeitmietprognosen. Diese Tools analysieren Faktoren wie durchschnittlichen Tagespreis, Auslastungsrate und saisonale Nachfrage. Dadurch kann es vorkommen, dass zwei identische Immobilien im selben Viertel völlig unterschiedlich bewertet werden – abhängig von ihrer Leistung als Kurzzeitvermietung.

Auch der Underwriting-Prozess unterscheidet sich deutlich. Traditionelle Darlehen sind stark dokumentationsbasiert und erfordern umfangreiche finanzielle Nachweise. Schon kleine Unstimmigkeiten können zu Verzögerungen führen. Airbnb-Hypothekendarlehen, insbesondere DSCR- und Non-QM-Darlehen, sind oft flexibler. Der Fokus liegt stärker auf der Immobilienleistung, dem Kreditprofil und den Rücklagen, anstatt auf detaillierter Einkommensprüfung. Dies kann den Genehmigungsprozess erheblich beschleunigen, insbesondere für Investoren mit unkonventionellen Einkommensquellen.

Ein weiterer entscheidender Unterschied ist die Skalierbarkeit. Traditionelle Finanzierungen stoßen schnell an Grenzen, wenn Investoren mehrere Immobilien erwerben möchten, da sich das persönliche Schulden-Einkommens-Verhältnis verschlechtert. Airbnb-Hypothekendarlehen ermöglichen hingegen eine effizientere Skalierung, da jede Immobilie separat bewertet wird. Solange jede Immobilie die DSCR-Anforderungen erfüllt, kann das Portfolio weiter wachsen, ohne durch persönliches Einkommen eingeschränkt zu werden.

Auch die Risikowahrnehmung unterscheidet sich. Aus Sicht der Kreditgeber gelten Kurzzeitvermietungen oft als risikoreicher, da die Einnahmen schwanken und regulatorische Unsicherheiten bestehen. Daher können diese Darlehen höhere Zinssätze, größere Anzahlungen oder strengere Rücklagenanforderungen haben. Gleichzeitig wird dieses Risiko häufig durch das höhere Einkommenspotenzial ausgeglichen. Investoren, die Preisstrategien optimieren und eine hohe Auslastung erreichen, können deutlich höhere Renditen erzielen.

Der Standort spielt bei Airbnb-Finanzierungen eine noch größere Rolle als im traditionellen Immobilienbereich. Kurzzeitvermietungen sind stark von Tourismus, lokalen Vorschriften und saisonalen Trends abhängig. Eine Immobilie in einem gefragten Urlaubsgebiet kann deutlich höhere Einnahmen generieren als eine vergleichbare Immobilie in einer weniger attraktiven Lage. Kreditgeber berücksichtigen diese Faktoren zunehmend und legen großen Wert auf Marktdaten.

Ein weiterer wichtiger Faktor ist das Management der Immobilie. Während langfristige Mietobjekte oft passiv verwaltet werden können, erfordern Airbnb-Immobilien aktives Management. Dazu gehören die Optimierung von Inseraten, Preisstrategien, Kommunikation mit Gästen, Reinigung und Instandhaltung. Kreditgeber berücksichtigen oft, ob eine Immobilie professionell oder selbst verwaltet wird, da dies die Stabilität der Einnahmen beeinflusst.

Regulatorische Aspekte spielen ebenfalls eine große Rolle. Viele Städte haben spezifische Vorschriften für Kurzzeitvermietungen, einschließlich Genehmigungen, Zonierung und Belegungsgrenzen. Diese Regeln können die Einnahmen direkt beeinflussen. Kreditgeber achten zunehmend darauf, dass Immobilien diesen Vorschriften entsprechen.

Letztlich unterscheidet sich Airbnb-Finanzierung nicht nur durch das Darlehen selbst, sondern durch das gesamte System, in dem sie funktioniert. Es handelt sich um eine leistungsorientierte Finanzierung, bei der der Erfolg der Investition direkt mit der Fähigkeit der Immobilie verbunden ist, Einnahmen zu generieren. Dies erfordert einen unternehmerischen Ansatz, bei dem Investoren jeden Aspekt strategisch planen.

Im weiteren Verlauf dieses Buches werden Sie lernen, wie Sie diese Unterschiede zu Ihrem Vorteil nutzen können. Sie werden verstehen, wie Sie geeignete Immobilien identifizieren, Deals strukturieren und sich als attraktiver Kreditnehmer positionieren.

Der wichtigste Punkt dieses Kapitels ist: Airbnb-Hypothekendarlehen sind nicht einfach eine Alternative zu traditionellen Krediten – sie sind ein völlig neuer Ansatz der Immobilienfinanzierung. Für diejenigen, die bereit sind, sich anzupassen und zu lernen, bieten sie einen leistungsstarken Weg zum Vermögensaufbau.

*Kapitel 2*

# DSCR- vs. traditionelle vs. Non-QM-Darlehen für Airbnb-Immobilien

Das Verständnis der Unterschiede zwischen DSCR-Darlehen, traditionellen Hypothekendarlehen und Non-QM-Darlehen ist einer der wichtigsten Schritte, um Airbnb-Finanzierungen zu meistern. Diese drei Kategorien stehen für grundlegend unterschiedliche Ansätze zur Risikobewertung, zur Qualifizierung von Kreditnehmern und zur Strukturierung von Immobiliengeschäften. Für Investoren im Bereich Kurzzeitvermietung kann die Wahl des richtigen Darlehens den Unterschied ausmachen zwischen Genehmigung oder Ablehnung, schnellem Wachstum oder Stillstand sowie maximalen Gewinnen oder verpassten Chancen.

Traditionelle Hypothekendarlehen sind die bekannteste Finanzierungsform. Diese Kredite werden in der Regel von Institutionen wie Fannie Mae und Freddie Mac unterstützt und sind hauptsächlich für selbstgenutzte Immobilien und langfristige Mietobjekte konzipiert. Der Qualifikationsprozess konzentriert sich stark auf die persönliche finanzielle Situation des Kreditnehmers. Kreditgeber prüfen Einkommen anhand von Gehaltsabrechnungen, Steuererklärungen und Arbeitsverhältnissen. Sie berechnen das Verhältnis von Schulden zu Einkommen (DTI), um die Zahlungsfähigkeit zu bewerten. Kreditwürdigkeit, Beschäftigungsstabilität und finanzielle Rücklagen spielen ebenfalls eine zentrale Rolle.

Obwohl traditionelle Darlehen oft die niedrigsten Zinssätze bieten, sind sie für Airbnb-Investoren nicht immer ideal. Ein großes Problem ist die Bewertung der Einnahmen. Kreditgeber verwenden meist langfristige Mietverträge oder Marktvergleiche, wodurch das tatsächliche Einkommenspotenzial von Airbnb-Immobilien häufig unterschätzt wird. Zudem begrenzen diese Kredite oft die Anzahl der finanzierbaren Immobilien, was die Skalierung eines Portfolios erschwert. Auch die umfangreiche Dokumentation stellt insbesondere für Selbstständige eine Herausforderung dar, da ihr steuerpflichtiges Einkommen durch Abzüge reduziert sein kann.

Im Gegensatz dazu bieten DSCR-Darlehen einen völlig anderen Ansatz. Statt das persönliche Einkommen zu bewerten, konzentrieren sich diese Darlehen auf die Einnahmen der Immobilie selbst. Die zentrale Kennzahl ist die Debt Service Coverage Ratio (DSCR), die misst, ob die

Immobilie genügend Einnahmen generiert, um ihre Kosten zu decken.

Für Airbnb-Immobilien ist dies ein entscheidender Vorteil. Kreditgeber können Daten wie durchschnittliche Tagesrate, Auslastung und saisonale Trends nutzen, um das Einkommenspotenzial zu bestimmen. Solange die prognostizierten Einnahmen die erforderliche DSCR-Schwelle erreichen, kann der Kredit genehmigt werden – auch ohne klassische Einkommensnachweise.

Ein weiterer Vorteil von DSCR-Darlehen ist die Skalierbarkeit. Da jede Immobilie separat bewertet wird, sind Investoren nicht durch ihr persönliches Einkommen begrenzt. Dies ermöglicht es, mehrere Objekte in relativ kurzer Zeit zu erwerben. Allerdings gehen diese Vorteile oft mit höheren Zinssätzen, größeren Anzahlungen (häufig 20–25 %) und strengeren Anforderungen an Kreditwürdigkeit und Rücklagen einher.

Non-QM-Darlehen (Nicht-qualifizierte Hypotheken) bieten noch mehr Flexibilität. Sie richten sich an Kreditnehmer, die nicht in traditionelle Richtlinien passen. Dazu gehören beispielsweise Darlehen auf Basis von Kontoauszügen, vermögensbasierte Kredite oder hybride Programme.

Kontoauszugsdarlehen ermöglichen es, sich anhand von Bankeinzahlungen statt Steuererklärungen zu qualifizieren – ideal für Selbstständige mit starkem Cashflow. Vermögensbasierte Darlehen nutzen hingegen vorhandene Vermögenswerte wie Investmentkonten oder Rentenfonds. Diese Optionen können mit Airbnb-Einnahmeprognosen kombiniert werden, um eine umfassende Finanzierungsstrategie zu entwickeln.

Der größte Vorteil von Non-QM-Darlehen ist ihre Anpassungsfähigkeit. Kreditgeber bieten oft flexible Strukturen, wie z. B. Zins-only-Optionen, weniger strenge Dokumentationsanforderungen und individuelle Underwriting-Richtlinien. Für komplexe Deals oder ungewöhnliche Einkommenssituationen sind sie oft die einzige Lösung.

Beim Vergleich dieser drei Darlehensarten sollten Ihre Investitionsziele im Mittelpunkt stehen. Für selbstgenutzte Immobilien oder stabile langfristige Vermietungen ist ein traditionelles Darlehen oft die beste Wahl. Für den Aufbau eines Airbnb-Portfolios sind DSCR-Darlehen meist die effektivste Option. In komplexeren Fällen bieten Non-QM-Darlehen die nötige Flexibilität.

Auch die langfristige Strategie ist entscheidend. Traditionelle Darlehen bieten niedrigere Kosten, begrenzen jedoch die Expansion. DSCR-Darlehen ermöglichen schnelleres Wachstum, während Non-QM-Darlehen individuelle Lösungen für besondere Situationen bieten. Erfolgreiche Investoren kombinieren häufig alle drei Finanzierungsarten, um ihre Portfolios optimal zu strukturieren.

Ein praktisches Beispiel verdeutlicht diese Unterschiede: Eine Investorin namens Maria möchte eine Airbnb-Immobilie für 500.000 $ kaufen und 20 % anzahlen. Bei einem traditionellen Darlehen scheitert sie an einem zu hohen DTI-Wert, obwohl die Investition solide ist. Mit einem DSCR-Darlehen kann sie sich qualifizieren, sobald die Immobilie genügend Einnahmen generiert. Alternativ ermöglicht ein Non-QM-Darlehen eine Genehmigung auf Basis ihrer Bankeinzahlungen und Vermögenswerte, trotz ungewöhnlicher Finanzstruktur.

Dieses Beispiel zeigt die Flexibilität und die jeweiligen Kompromisse:

- Traditionelle Darlehen: niedrigste Zinsen, aber strenge Anforderungen
- DSCR-Darlehen: einkommensbasierte Immobilienbewertung, hohe Skalierbarkeit

- Non-QM-Darlehen: maximale Flexibilität, aber höhere Kosten

Die wichtigste Erkenntnis dieses Kapitels ist, dass es keine Einheitslösung gibt. Jede Finanzierungsart hat ihre Stärken und Schwächen. Wenn Sie diese verstehen, können Sie Ihre Deals strategisch strukturieren, Risiken minimieren und die Chancen im Airbnb-Markt optimal nutzen.

*Kapitel 3*

# Grundlagen der Einkommensqualifikation bei Kurzzeitvermietungen

Eine der wichtigsten Veränderungen in der modernen Immobilienfinanzierung ist der Übergang von der kreditnehmerbasierten zur immobilienbasierten Qualifikation – insbesondere im Bereich von Airbnb- und Kurzzeitvermietungen. In diesem Kapitel lernen Sie, wie Kreditgeber Einnahmen aus Kurzzeitvermietungen bewerten, wie diese berechnet werden, welche Datenquellen verwendet werden und wie Sie Ihr Investment so präsentieren, dass es den Underwriting-Anforderungen entspricht. Dieses Verständnis ist entscheidend, da Ihre Fähigkeit zur Qualifikation und Skalierung maßgeblich davon abhängt, wie gut Sie Einnahmen verstehen und darstellen.

Im Gegensatz zu traditionellen Mietobjekten, bei denen Einnahmen auf festen Mietverträgen basieren, arbeiten Kurzzeitvermietungen mit einem variablen Einkommensmodell. Einnahmen sind nicht garantiert und schwanken je nach Nachfrage, Saisonalität, Preisstrategie,

Wettbewerb und Managementqualität. Daher können Kreditgeber sich nicht auf klassische Mietansätze verlassen. Stattdessen nutzen sie Prognosen, historische Daten und Drittanbieter-Analysen, um das Einkommenspotenzial zu bewerten.

Das erste zentrale Konzept ist der Bruttoumsatz. Dieser stellt die gesamten Einnahmen vor Abzug von Kosten dar. Bei Airbnb wird dieser typischerweise berechnet, indem die durchschnittliche Tagesrate (ADR) mit der Anzahl der gebuchten Nächte multipliziert wird. Die Auslastungsrate zeigt dabei, wie viele Tage im Monat tatsächlich gebucht sind. Diese beiden Faktoren – ADR und Auslastung – bilden die Grundlage jeder Einkommensprognose.

Allerdings reicht der Bruttoumsatz allein nicht aus. Kreditgeber konzentrieren sich vor allem auf das Net Operating Income (NOI), also den Nettobetriebsgewinn. Dieser berücksichtigt Kosten wie Reinigung, Verwaltung, Nebenkosten, Instandhaltung, Plattformgebühren, Versicherungen und Verbrauchsmaterialien. Oft wird eine pauschale Kostenquote von etwa 20 % bis 30 % des Umsatzes angesetzt, um konservative Schätzungen zu gewährleisten.

Ein weiterer entscheidender Faktor ist die Datenquelle. Kreditgeber greifen häufig auf spezialisierte Plattformen zurück, die Kurzzeitvermietungsdaten analysieren und Werte für ADR, Auslastung und Einnahmen liefern. In manchen Fällen werden auch Gutachten mit Kurzzeitmietprognosen akzeptiert oder reale Einnahmedaten aus Plattformen wie Airbnb oder VRBO berücksichtigt, sofern diese vorhanden sind.

Die Qualität und Glaubwürdigkeit Ihrer Daten ist entscheidend. Unrealistische oder schlecht belegte Prognosen werden oft nach unten korrigiert oder abgelehnt. Deshalb ist es wichtig, konservative und gut dokumentierte Zahlen zu präsentieren. Eine starke Darstellung kann nicht nur die Genehmigung erleichtern, sondern auch bessere Kreditkonditionen sichern.

Ein weiterer wichtiger Faktor ist die Saisonalität. Viele Märkte unterliegen starken Schwankungen im Jahresverlauf. Hochsaisons bringen deutlich höhere Einnahmen als Nebensaisons. Kreditgeber berücksichtigen dies, indem sie Einnahmen über ein Jahr hinweg mitteln. Für Investoren ist es entscheidend, diese Trends zu verstehen, um realistische Prognosen zu erstellen.

Die Auslastungsrate ist eine der kritischsten Kennzahlen. Kreditgeber bevorzugen konservative Schätzungen, typischerweise zwischen 65 % und 75 %, abhängig vom Markt.

Eine zu hohe Annahme kann zur Ablehnung führen. Ebenso wichtig ist die durchschnittliche Tagesrate (ADR), die von Lage, Ausstattung, Design und Wettbewerb beeinflusst wird.

Auch das Kostenmanagement spielt eine zentrale Rolle. Während Kreditgeber mit pauschalen Annahmen arbeiten, können Ihre tatsächlichen Kosten variieren. Selbstverwaltung kann Kosten senken, erfordert jedoch mehr Aufwand. Professionelle Verwaltung erhöht Kosten, bietet aber oft mehr Stabilität und Skalierbarkeit.

Zusätzlich berücksichtigen Kreditgeber Rücklagen. Aufgrund der schwankenden Einnahmen verlangen sie oft mehrere Monate an Reserven. Diese dienen als Sicherheitspuffer und stärken Ihr Kreditprofil erheblich.

Ein weiterer wichtiger Unterschied ist der zwischen prognostiziertem und stabilisiertem Einkommen. Prognosen basieren auf Marktdaten, während stabilisierte Einnahmen auf realen Ergebnissen beruhen. Mit wachsender Erfahrung und Portfolio können Sie zunehmend auf tatsächliche Daten zurückgreifen, was Ihre Glaubwürdigkeit steigert.

Kreditgeber sehen Kurzzeitvermietungen oft als risikoreicher an als langfristige Vermietungen. Daher verwenden sie konservative Annahmen und höhere DSCR-Anforderungen.

Durch solide Daten, ausreichende Rücklagen und eine klare Strategie können Sie dieses Risiko jedoch reduzieren.

Letztlich ist die Einkommensqualifikation bei Kurzzeitvermietungen sowohl eine Wissenschaft als auch eine Kunst. Sie erfordert Datenanalyse, Marktverständnis und strategische Präsentation. Wer diese Prozesse beherrscht, erhöht nicht nur seine Chancen auf Finanzierung, sondern identifiziert auch die profitabelsten Deals.

Ein praktisches Beispiel verdeutlicht dies: Ein Investor analysiert eine Immobilie für 450.000 $ mit 25 % Anzahlung. Die monatlichen Gesamtkosten liegen bei etwa 3.000 $. Mit einer ADR von 230 $ und einer Auslastung von 68 % ergibt sich ein monatlicher Umsatz von rund 4.692 $. Nach Kosten bleibt ein NOI von etwa 3.519 $, was zu einer DSCR von 1,17 führt – knapp unter der erforderlichen Schwelle von 1,20.

Durch kleine Optimierungen – z. B. eine Erhöhung der ADR auf 250 $ und der Auslastung auf 72 % – steigt der Umsatz auf 5.400 $. Der NOI wächst auf etwa 4.050 $, wodurch die DSCR auf 1,35 steigt und die Finanzierung möglich wird.

Dieses Beispiel zeigt, wie stark kleine Anpassungen die Rentabilität und Finanzierbarkeit beeinflussen können. Es verdeutlicht auch, dass Investoren aktiv Einfluss auf ihre

Qualifikation nehmen können, indem sie Einnahmen steigern und Kosten optimieren.

Die wichtigste Erkenntnis dieses Kapitels: Die Einkommensqualifikation ist das Fundament der Airbnb-Finanzierung. Wer sie versteht, kann nicht nur Kredite sichern, sondern ein nachhaltiges und skalierbares Geschäftsmodell aufbauen.

*Kapitel 4*

# Wer sich für Airbnb-Hypothekendarlehen qualifiziert (Investoren, Anfänger und selbstständige Kreditnehmer)

Einer der größten Vorteile der Airbnb-Hypothekenfinanzierung ist ihre Zugänglichkeit. Im Gegensatz zu traditionellen Kreditmodellen, die oft Angestellte mit stabilem Einkommen und langer Beschäftigungshistorie bevorzugen, öffnen Airbnb-Hypothekendarlehen die Tür für eine deutlich breitere Gruppe von Kreditnehmern. Dazu gehören Immobilieninvestoren, Erstkäufer, Unternehmer und Selbstständige. In diesem Kapitel lernen Sie, wer sich qualifiziert, wie Kreditgeber unterschiedliche Profile bewerten und wie Sie sich – unabhängig von Ihrem Hintergrund – optimal positionieren können.

Das traditionelle Hypothekensystem basiert auf Stabilität. Kreditgeber legen großen Wert auf Einkommen aus Angestelltenverhältnissen, konstante Gehälter und niedrige Schulden-Einkommens-Verhältnisse. Dieses Modell funktioniert für klassische Eigenheimkäufer, schließt jedoch viele moderne Investoren aus, die Einkommen auf unkonventionelle Weise erzielen. Unternehmer, Freelancer und Geschäftsinhaber verfügen oft über starken Cashflow, weisen jedoch aufgrund steuerlicher Abzüge ein geringeres zu versteuerndes Einkommen auf. Dadurch erscheinen sie auf dem Papier weniger qualifiziert, obwohl sie finanziell stark sind.

Airbnb-Hypothekendarlehen – insbesondere DSCR- und Non-QM-Darlehen – schließen diese Lücke, indem sie den Fokus von der Person auf die Immobilie verlagern. Dadurch können sich auch Kreditnehmer qualifizieren, die im traditionellen System ausgeschlossen wären. Entscheidend ist, zu verstehen, wie Kreditgeber verschiedene Profile bewerten.

Immobilieninvestoren bilden die Hauptzielgruppe dieser Darlehen. Sie konzentrieren sich auf einkommensgenerierende Objekte und den Aufbau eines Portfolios. Kreditgeber bewerten Investoren nicht nur anhand ihres Einkommens, sondern auch anhand ihrer Erfahrung, Kreditwürdigkeit und Fähigkeit, Immobilien erfolgreich zu verwalten. Erfahrene Investoren mit nachweislicher Erfolgsbilanz erhalten häufig bessere Konditionen und mehr Flexibilität.

Allerdings ist Erfahrung nicht zwingend erforderlich. Auch Anfänger können sich qualifizieren, insbesondere über DSCR-Programme. Dies ist einer der größten Vorteile dieses Finanzierungsmodells. Einsteiger benötigen kein großes Portfolio oder jahrelange Erfahrung. Wenn die Immobilie die Einkommensanforderungen erfüllt und der Kreditnehmer über eine solide Bonität sowie ausreichendes Eigenkapital verfügt, ist eine Genehmigung möglich.

Für Anfänger besteht die größte Herausforderung darin, die Qualität der Immobilie nachzuweisen. Da keine Historie vorhanden ist, verlassen sich Kreditgeber stark auf Prognosen und Marktdaten. Eine sorgfältige Analyse und eine klare Strategie sind daher entscheidend.

Selbstständige Kreditnehmer profitieren besonders von Airbnb-Finanzierungen. Traditionelle Kreditprüfungen benachteiligen sie oft, da ihr zu versteuerndes Einkommen durch Betriebsausgaben reduziert wird. DSCR- und Non-QM-Darlehen bieten hier Lösungen, indem sie entweder auf die Einnahmen der Immobilie oder auf alternative Nachweise wie Kontoauszüge zurückgreifen. Dadurch können Unternehmer ihre tatsächliche finanzielle Stärke nutzen, ohne durch klassische Anforderungen eingeschränkt zu werden.

Die Kreditwürdigkeit bleibt ein wichtiger Faktor. Obwohl Airbnb-Darlehen flexibler sind, nutzen Kreditgeber weiterhin den Kredit-Score zur Risikobewertung. Höhere Scores führen zu besseren Zinssätzen und Konditionen. In der Regel liegt die Mindestanforderung zwischen 620 und 680.

Eigenkapital und Rücklagen sind ebenfalls entscheidend. Da es sich um Anlageimmobilien handelt, verlangen Kreditgeber meist 20 % bis 25 % Anzahlung sowie mehrere Monate an Reserven. Diese dienen als Sicherheit bei Einnahmeschwankungen. Besonders für Anfänger können starke Rücklagen fehlende Erfahrung ausgleichen.

Auch die Strategie des Kreditnehmers spielt eine Rolle. Kreditgeber möchten sehen, dass ein klarer Plan für das Management der Immobilie besteht – einschließlich Preisstrategie, Auslastung und Verwaltung. Eine durchdachte Strategie erhöht sowohl die Genehmigungschancen als auch den langfristigen Erfolg.

Die Risikobewertung variiert je nach Profil. Erfahrene Investoren gelten als weniger riskant, Anfänger als risikoreicher, während Selbstständige zusätzliche Prüfungen durchlaufen können. Diese Risiken lassen sich jedoch durch starke Daten, Rücklagen und klare Strategien reduzieren.

Ein weiterer großer Vorteil von Airbnb-Darlehen ist die Skalierbarkeit. Während traditionelle Kredite durch das persönliche Einkommen begrenzt sind, ermöglichen DSCR-Darlehen eine unabhängige Bewertung jeder Immobilie. Dadurch können Investoren ihr Portfolio schneller ausbauen.

Auch die Eigentümerstruktur spielt eine Rolle. Viele Investoren nutzen Gesellschaften wie eine GmbH (LLC), um Haftung zu begrenzen und steuerliche Vorteile zu nutzen. Einige Kreditgeber erlauben Finanzierungen über Unternehmen, andere verlangen persönliche Qualifikation.

Standort und Immobilientyp sind ebenfalls entscheidend. Kreditgeber berücksichtigen lokale Vorschriften und Marktbedingungen. Immobilien in stark regulierten Märkten oder mit besonderen Eigenschaften können zusätzliche Anforderungen haben.

Letztlich geht es bei der Qualifikation nicht um eine bestimmte Personengruppe, sondern um die richtige Kombination aus Kreditnehmer, Immobilie und Kreditkriterien. Ob erfahrener Investor, Anfänger oder Selbstständiger – entscheidend ist, wie gut Sie Ihr Profil und Ihre Strategie ausrichten.

Ein Beispiel verdeutlicht dies: Drei Kreditnehmer – ein erfahrener Investor, ein Anfänger und ein Selbstständiger – möchten dieselbe Immobilie für 480.000 $ kaufen. Alle zahlen 25 % an. Die Immobilie erreicht zunächst eine DSCR von 1,18 und liegt damit unter der Mindestanforderung.

Der erfahrene Investor kann aufgrund seiner Erfahrung bessere Annahmen durchsetzen und erreicht eine DSCR von 1,21. Der Anfänger erhöht seine Anzahlung auf 30 %, senkt damit die Kosten und erreicht eine DSCR von 1,26. Der Selbstständige nutzt alternative Einkommensnachweise und wird ebenfalls genehmigt.

Dieses Beispiel zeigt: Unterschiedliche Profile können durch strategische Anpassungen erfolgreich qualifizieren.

Die wichtigste Erkenntnis dieses Kapitels ist, dass Airbnb-Finanzierung inklusiver ist als traditionelle Kreditvergabe – aber dennoch Vorbereitung und Strategie erfordert. Wenn Sie die Anforderungen verstehen und Ihr Profil entsprechend optimieren, können Sie sich erfolgreich qualifizieren und Ihr Immobilienportfolio aufbauen.

*Kapitel 5*

# Strukturierung Ihres ersten Airbnb-Deals für Genehmigung und Profit

Die Sicherung eines Airbnb-Hypothekendarlehens bedeutet nicht nur, einen Kreditgeber zu finden – es geht darum, einen Deal so zu strukturieren, dass er perfekt mit den Underwriting-Richtlinien übereinstimmt und gleichzeitig maximale Rentabilität bietet. Viele Investoren konzentrieren sich ausschließlich auf die Suche nach der „perfekten Immobilie", übersehen jedoch die Bedeutung der Struktur des Deals. In Wirklichkeit entscheidet die Struktur – Kaufpreis, Eigenkapital, Darlehensart, Einnahmenprognosen und Kostenmanagement – darüber, ob Sie genehmigt werden und wie erfolgreich die Investition ist.

Der erste Schritt besteht darin zu verstehen, dass Kreditgeber und Investoren dieselben Zahlen unterschiedlich betrachten. Als Investor möchten Sie Cashflow und langfristige Wertsteigerung maximieren. Der Kreditgeber hingegen möchte Risiko minimieren und sicherstellen, dass die

Immobilie die Schulden tragen kann. Der Schlüssel zum Erfolg liegt darin, beide Perspektiven in Einklang zu bringen.

Alles beginnt mit dem Kaufpreis. Der Preis beeinflusst direkt die Kredithöhe, die monatliche Zahlung und die Rentabilität. Ein zu hoher Kaufpreis kann die DSCR verschlechtern und die Genehmigung gefährden. Ein guter Deal entsteht oft bereits beim Kauf durch Verhandlung oder das Finden unterbewerteter Immobilien.

Das Eigenkapital ist der nächste entscheidende Faktor. Während 20 % bis 25 % üblich sind, kann eine höhere Anzahlung den Deal erheblich verbessern. Sie reduziert die monatliche Belastung, verbessert die DSCR und erhöht die Stabilität.

Die Wahl des Darlehens ist ebenfalls zentral. Für viele Airbnb-Investoren bieten DSCR-Darlehen die beste Kombination aus Flexibilität und Skalierbarkeit. Dennoch sollten Zinssatz, Laufzeit, Vorfälligkeitsentschädigungen und Rücklagenanforderungen genau analysiert werden.

Einnahmenprognosen sind oft der entscheidende Punkt. Kreditgeber bevorzugen konservative, gut belegte Zahlen. Die Nutzung zuverlässiger Daten und realistischer Annahmen erhöht die Glaubwürdigkeit und die Chancen auf

Genehmigung. Gleichzeitig sollten Sie überlegen, wie Sie Einnahmen steigern können – etwa durch bessere Ausstattung, Design oder Preisstrategie.

Das Kostenmanagement ist genauso wichtig. Reinigung, Nebenkosten, Wartung und Plattformgebühren summieren sich schnell. Durch effiziente Kostenkontrolle können Sie Ihr Nettoeinkommen steigern und Ihre DSCR verbessern.

Rücklagen spielen ebenfalls eine wichtige Rolle. Kreditgeber verlangen oft mehrere Monate an Reserven, doch zusätzliche Mittel bieten Sicherheit und Flexibilität. Sie ermöglichen es, Schwankungen zu überstehen und in Verbesserungen zu investieren.

Ein oft übersehener Punkt ist die Exit-Strategie. Sie sollten bereits beim Kauf überlegen, ob Sie die Immobilie langfristig halten, refinanzieren oder verkaufen möchten. Eine gute Struktur bietet Flexibilität für zukünftige Entscheidungen.

Auch die Marktauswahl ist entscheidend. Faktoren wie Nachfrage, Regulierung und Saisonalität beeinflussen das Einkommenspotenzial erheblich. Der richtige Markt kann Ihre Erfolgschancen deutlich erhöhen.

Der Immobilientyp spielt ebenfalls eine Rolle. Einfamilienhäuser, Eigentumswohnungen oder Luxusobjekte haben unterschiedliche Risiko- und Einkommensprofile. Kreditgeber können je nach Typ unterschiedliche Anforderungen stellen.

Ein wichtiger mentaler Wechsel ist ebenfalls erforderlich: Statt zu fragen „Kann ich mir diese Immobilie leisten?“, sollten Sie fragen „Erfüllt diese Immobilie die Anforderungen und ist sie profitabel?“ Diese Denkweise macht Sie zu einem strategischen Investor.

Eine weitere wichtige Strategie ist das Ausgleichen von Schwächen. Wenn Sie wenig Erfahrung haben, können Sie dies durch mehr Eigenkapital, bessere Rücklagen oder eine stärkere Immobilie kompensieren.

Ein starkes Netzwerk aus Kreditgebern und Maklern ist ebenfalls entscheidend. Experten für Airbnb-Finanzierung können Ihnen helfen, Deals optimal zu strukturieren und Herausforderungen zu meistern.

Letztlich geht es bei der Strukturierung darum, alle Elemente in Einklang zu bringen: Immobilie, Markt, Finanzierung und Strategie. Wenn diese Faktoren zusammenpassen, entsteht ein Deal, der sowohl genehmigt wird als auch profitabel ist.

Ein praktisches Beispiel zeigt dies deutlich: Ein Investor analysiert eine Immobilie für 420.000 $. Mit 20 % Anzahlung ergibt sich zunächst eine DSCR von 1,17 – unter der erforderlichen Schwelle. Durch Verhandlung des Kaufpreises, Erhöhung der Anzahlung und Optimierung der Einnahmen verbessert sich die DSCR auf 1,53. Gleichzeitig entsteht ein monatlicher Cashflow von etwa 1.400 $, was zu einer jährlichen Rendite von rund 14 % führt.

Dieses Beispiel zeigt, wie kleine Anpassungen große Auswirkungen haben können. Erfolgreiche Investoren akzeptieren Zahlen nicht einfach, sondern optimieren jeden Bestandteil des Deals.

Die wichtigste Erkenntnis dieses Kapitels: Ein erfolgreicher Airbnb-Deal entsteht durch Struktur, nicht durch Zufall. Wenn Sie lernen, Deals strategisch aufzubauen, können Sie ein wiederholbares System schaffen und langfristig ein profitables Immobilienportfolio aufbauen.

*Kapitel 6*

# Risiken, Vorschriften und langfristige Nachhaltigkeit in der Airbnb-Finanzierung

Wenn Sie tiefer in Airbnb-Investitionen und -Finanzierungen eintauchen, wird es entscheidend, nicht nur zu verstehen, wie man eine Finanzierung erhält, sondern auch, wie man ein Investment langfristig schützt und nachhaltig betreibt. Viele neue Investoren konzentrieren sich stark auf Einnahmen und Genehmigung, übersehen jedoch die Risiken, die den langfristigen Erfolg beeinflussen. In diesem Kapitel lernen Sie, wie Kreditgeber und Investoren Risiken bewerten, wie Vorschriften Ihre Geschäftstätigkeit beeinflussen und wie Sie ein nachhaltiges Airbnb-Geschäft aufbauen.

Risiken im Airbnb-Bereich unterscheiden sich grundlegend von traditionellen Immobilienrisiken. Bei langfristigen Vermietungen sind Risiken oft mit Mietern und Verträgen verbunden, wodurch Einnahmen relativ stabil bleiben. Airbnb-Immobilien hingegen sind dynamisch: Einnahmen hängen von Auslastung, Saison, Wettbewerb, Preisstrategie und Gästeerfahrung ab. Diese Variabilität schafft sowohl

Chancen als auch Unsicherheiten. Kreditgeber achten daher besonders darauf, ob eine Immobilie konstant genügend Einnahmen generiert, um die Schulden zu decken. Aus diesem Grund liegt die erforderliche DSCR meist bei 1,20 oder höher, um Schwankungen abzufedern.

Ein zentrales Risiko ist die Einkommensvolatilität. Selbst in starken Märkten schwanken Buchungen und Preise im Jahresverlauf. Wer sich ausschließlich auf Hochsaison-Einnahmen verlässt, kann in schwächeren Monaten Probleme bekommen. Deshalb sind konservative Prognosen und Planung entscheidend.

Ein weiteres Risiko ist der Wettbewerb. Mit zunehmender Beliebtheit von Kurzzeitvermietungen steigt die Konkurrenz. Dies kann zu sinkenden Preisen und Auslastung führen. Immobilien, die sich durch Design, Ausstattung und Gästeerlebnis abheben, bleiben wettbewerbsfähig. Kontinuierliche Verbesserung ist hier der Schlüssel.

Auch das operative Risiko ist wichtig. Airbnb erfordert aktives Management – Kommunikation, Reinigung, Wartung und Optimierung. Schlechte Verwaltung führt schnell zu schlechten Bewertungen und geringeren Einnahmen. Ein strukturiertes System oder professionelle Verwaltung kann Stabilität schaffen.

Regulatorische Risiken gehören zu den wichtigsten Faktoren. Viele Städte haben Vorschriften für Kurzzeitvermietungen, wie Genehmigungen, Zonierung oder Nutzungsbeschränkungen. Verstöße können zu Strafen oder Betriebsverboten führen. Daher ist es entscheidend, vor dem Kauf alle lokalen Regeln zu verstehen. Kreditgeber berücksichtigen diese Risiken zunehmend und können Finanzierungen in stark regulierten Märkten einschränken.

Auch wirtschaftliche Faktoren spielen eine Rolle. Rezessionen können die Reisetätigkeit reduzieren und somit Einnahmen beeinflussen. Einige Märkte bleiben stabiler als andere. Eine Diversifikation über mehrere Standorte kann dieses Risiko verringern.

Zinsrisiken sind ebenfalls relevant. Airbnb-Darlehen haben oft höhere oder variable Zinssätze. Steigende Zinsen können die Rentabilität beeinflussen. Deshalb ist es wichtig, die Kreditbedingungen genau zu verstehen.

Versicherung und Haftung sind weitere entscheidende Punkte. Standardversicherungen reichen oft nicht aus. Spezielle Policen für Kurzzeitvermietung schützen vor Schäden, Haftungsansprüchen und unerwarteten Ereignissen.

Rücklagen sind ein zentraler Bestandteil der Risikostrategie. Mehrere Monate an finanziellen Reserven helfen, Einnahmeschwankungen oder unerwartete Kosten zu bewältigen. Erfahrene Investoren halten oft zusätzliche Rücklagen über die Mindestanforderungen hinaus.

Nachhaltigkeit bedeutet nicht nur, Risiken zu überstehen, sondern ein anpassungsfähiges System zu schaffen. Erfolgreiche Investoren überwachen Märkte, optimieren Preise, verbessern Immobilien und passen Strategien kontinuierlich an.

Ein weiterer wichtiger Punkt ist die Skalierung. Mit jedem zusätzlichen Objekt steigen Komplexität und Risiko. Standardisierte Prozesse, Technologie und ein starkes Team helfen, Wachstum effizient zu managen.

Auch Exit-Strategien sind entscheidend. Ob Refinanzierung, Verkauf oder Umwandlung in langfristige Vermietung – Flexibilität ist der Schlüssel zur langfristigen Sicherheit.

Ein praktisches Beispiel verdeutlicht dies: Eine Investorin kauft eine Immobilie für 500.000 $ mit einer DSCR von 1,24. Bei sinkender Auslastung oder niedrigeren Preisen kann die DSCR schnell auf unter 1,10 oder sogar unter 1,0 fallen. Durch

Rücklagen, Optimierungen und flexible Vermietungsstrategien kann sie diese Risiken jedoch ausgleichen.

Dieses Beispiel zeigt, wie wichtig Stress-Tests und Vorbereitung sind. Erfolgreiche Investoren analysieren verschiedene Szenarien und planen voraus, anstatt nur auf optimale Bedingungen zu setzen.

Die wichtigste Erkenntnis dieses Kapitels: Risiko ist unvermeidlich – aber steuerbar. Wer Risiken versteht und aktiv managt, kann ein stabiles, wachsendes und langfristig profitables Airbnb-Geschäft aufbauen.

*Kapitel 7*

# Aufbau eines skalierbaren Airbnb-Portfolios mit intelligenten Finanzierungsstrategien

Sobald Sie verstehen, wie Sie sich für Airbnb-Hypothekendarlehen qualifizieren und einen profitablen Deal strukturieren, besteht der nächste Schritt im Skalieren. Hier wird echter Vermögensaufbau geschaffen – nicht durch den Besitz einer einzigen Immobilie, sondern durch die Kontrolle mehrerer einkommensgenerierender Vermögenswerte, die als System zusammenarbeiten. In diesem Kapitel lernen Sie, wie Sie von einer einzelnen Airbnb-Investition zu einem skalierbaren Portfolio übergehen, indem Sie intelligente Finanzierungsstrategien, Hebelwirkung und disziplinierte Umsetzung nutzen.

Der Skalierungsprozess beginnt mit einem Perspektivwechsel. Ihr erster Deal ist nicht das Endziel, sondern das Fundament. Viele Investoren stoppen nach der ersten Immobilie, weil sie sich nur auf kurzfristigen Cashflow konzentrieren oder zusätzliche Risiken scheuen. Erfolgreiche Investoren hingegen betrachten jede Immobilie als Baustein für ein wachsendes System.

Ein zentrales Werkzeug für Skalierung ist der Einsatz von Fremdkapital (Leverage). Durch Finanzierung können Sie große Vermögenswerte mit relativ wenig Eigenkapital kontrollieren. Airbnb-Darlehen – insbesondere DSCR-Darlehen – unterstützen diesen Ansatz, da jede Immobilie unabhängig anhand ihrer Einnahmen bewertet wird.

Der Schlüssel liegt darin, dass jede Immobilie die Anforderungen erfüllt oder übertrifft. Starke DSCR-Werte, effizientes Kostenmanagement und optimierte Einnahmen erleichtern die Finanzierung weiterer Objekte. Dadurch entsteht ein Zinseszinseffekt, bei dem jeder erfolgreiche Deal den nächsten ermöglicht.

Eine weitere wichtige Strategie ist das Recycling von Kapital. Anstatt Eigenkapital in einer Immobilie gebunden zu lassen, können Sie durch Refinanzierung oder Cash-out-Strategien Liquidität freisetzen und in neue Objekte investieren. Dies ermöglicht Wachstum ohne ständig neues Kapital einzubringen.

Die BRRRR-Strategie (Kaufen, Renovieren, Vermieten, Refinanzieren, Wiederholen) kann auch im Airbnb-Bereich angewendet werden. Durch gezielte Verbesserungen steigern Sie den Wert und die Einnahmen der Immobilie und nutzen diese Basis für weitere Investitionen.

Diversifikation ist ein weiterer Schlüssel zur Skalierung. Durch Investitionen in verschiedene Standorte, Immobilientypen und Preisklassen reduzieren Sie Risiken. Beispielsweise können Ferienimmobilien saisonal stark sein, während städtische Objekte ganzjährig stabil laufen.

Mit wachsendem Portfolio wird Effizienz entscheidend. Die Verwaltung mehrerer Objekte erfordert Systeme für Buchungen, Preisoptimierung, Reinigung und Wartung. Viele Investoren nutzen Automatisierung oder professionelle Verwaltung, um Prozesse zu skalieren.

Auch die Finanzierungsstrategie entwickelt sich weiter. Während der erste Deal oft konservativ strukturiert ist, können spätere Deals strategischer gestaltet werden – etwa durch Kombination verschiedener Darlehensarten oder Nutzung bestehender Vermögenswerte zur Sicherung besserer Konditionen.

Finanzielle Disziplin ist dabei entscheidend. Zu schnelles Wachstum oder übermäßige Verschuldung kann Risiken erhöhen. Jede Immobilie muss einen positiven Beitrag leisten, mit stabilem Cashflow, ausreichenden Rücklagen und soliden DSCR-Werten.

Das Kreditmanagement spielt ebenfalls eine wichtige Rolle. Eine starke Bonität ermöglicht bessere Konditionen und mehr Finanzierungsmöglichkeiten. Daher ist es wichtig, Schulden kontrolliert zu managen und Risiken zu minimieren.

Auch steuerliche Strategien gewinnen an Bedeutung. Mehrere Airbnb-Immobilien bieten Möglichkeiten zur Steueroptimierung, z. B. durch Abschreibungen oder Unternehmensstrukturen. Ein Steuerberater kann hier erheblichen Mehrwert schaffen.

Ein weiterer wichtiger Faktor ist das Timing. Erfolgreiche Investoren warten auf die richtigen Gelegenheiten und vermeiden Deals, die nicht zu ihrer Strategie passen. Geduld ist ein entscheidender Wettbewerbsvorteil.

Mit wachsendem Portfolio entsteht ein Schneeballeffekt: Einkommen steigt, Eigenkapital wächst, Finanzierungsmöglichkeiten verbessern sich. Dieser Effekt beschleunigt das Wachstum und schafft langfristige Stabilität.

Dennoch bringt Skalierung Herausforderungen mit sich. Mehr Immobilien bedeuten mehr Komplexität, regulatorische Anforderungen und Managementaufwand. Erfolgreiche Investoren behandeln ihr Portfolio wie ein Unternehmen und optimieren kontinuierlich ihre Prozesse.

Eine langfristige Vision ist entscheidend. Skalierung bedeutet nicht nur Wachstum, sondern den Aufbau eines nachhaltigen Systems, das finanzielle Freiheit, passives Einkommen oder Vermögensaufbau unterstützt.

Eine fortgeschrittene Strategie ist die Kombination verschiedener Finanzierungsarten. Beispielsweise können DSCR-Darlehen für Akquisitionen, Non-QM-Darlehen für Refinanzierungen und traditionelle Darlehen für risikoärmere Objekte genutzt werden.

Mit zunehmender Erfahrung verschiebt sich der Fokus von einzelnen Deals auf die Gesamtleistung des Portfolios. Kennzahlen wie Gesamt-Cashflow, durchschnittliche DSCR, Auslastung und Rendite werden entscheidend für strategische Entscheidungen.

Ein praktisches Beispiel zeigt die Kraft der Skalierung: Ein Investor beginnt mit einer Immobilie, refinanziert nach Wertsteigerung, nutzt das freigesetzte Kapital für weitere

Käufe und baut schrittweise ein Portfolio von fünf Immobilien auf. Jede generiert etwa 1.300 $ monatlichen Cashflow, was insgesamt rund 6.500 $ pro Monat ergibt. Gleichzeitig wächst der Portfoliowert durch Hebelwirkung auf über 2 Millionen $.

Dieses Beispiel zeigt, dass Skalierung durch Strategie, Disziplin und Wiederholbarkeit erreicht wird. Es geht nicht um Geschwindigkeit, sondern um konsequente Umsetzung.

Die wichtigste Erkenntnis dieses Kapitels: Ein skalierbares Airbnb-Portfolio entsteht durch ein System – nicht durch einzelne Deals. Wenn Sie Finanzierung, Strategie und Management richtig kombinieren, können Sie aus einer Immobilie ein wachsendes, langfristig profitables Portfolio aufbauen.

*Kapitel 8*

# Refinanzierung, Cash-Out-Strategien und Eigenkapital-Recycling für Airbnb-Investoren

Sobald Sie Ihre Airbnb-Immobilie erworben und stabilisiert haben, beginnt die nächste Wachstumsphase – nicht nur durch Halten des Objekts, sondern durch die Nutzung seines vollen finanziellen Potenzials. Einer der größten Vorteile von Immobilieninvestitionen ist die Möglichkeit, Eigenkapital zu nutzen, ohne die Immobilie zu verkaufen. Genau hier kommen Refinanzierung, Cash-Out-Strategien und Eigenkapital-Recycling ins Spiel. Diese Instrumente ermöglichen es Ihnen, aus einer erfolgreichen Investition mehrere einkommensgenerierende Vermögenswerte aufzubauen und Ihr Portfolio schneller zu skalieren.

Refinanzierung bedeutet, Ihr bestehendes Darlehen durch ein neues mit anderen Konditionen zu ersetzen. Für Airbnb-Investoren kann dies mehrere Ziele erfüllen: niedrigere Zinsen, besserer Cashflow, längere Laufzeiten oder – am wichtigsten – die Freisetzung von Eigenkapital. Zu verstehen, wann und wie man refinanziert, ist eine entscheidende Fähigkeit für den langfristigen Vermögensaufbau.

Die häufigste Strategie ist die Cash-Out-Refinanzierung. Dabei nehmen Sie ein neues Darlehen auf, das höher ist als Ihre aktuelle Restschuld, und erhalten die Differenz als Bargeld. Dieses Kapital kann für Anzahlungen, Renovierungen oder neue Immobilien genutzt werden.

Allerdings gibt es Grenzen. Die meisten Kreditgeber begrenzen den Beleihungsauslauf (Loan-to-Value, LTV) auf etwa 70 % bis 75 % bei Anlageimmobilien. Das bedeutet, dass ausreichend Eigenkapital vorhanden sein muss, um diese Strategie sinnvoll zu nutzen.

Timing ist ebenfalls entscheidend. Viele Kreditgeber verlangen eine Haltedauer von 6 bis 12 Monaten, bevor eine Cash-Out-Refinanzierung möglich ist. In dieser Zeit sollten Sie die Immobilie optimieren, Einnahmen steigern und eine stabile Performance nachweisen.

Die Einkommensleistung spielt eine zentrale Rolle. Wie bei der Erstfinanzierung wird die DSCR geprüft. Höhere Einnahmen ermöglichen größere Darlehen und damit mehr freisetzbares Kapital. Deshalb ist operative Optimierung direkt mit Skalierung verbunden.

Eigenkapital-Recycling ist die Strategie, dieses freigesetzte Kapital kontinuierlich in neue Objekte zu investieren. Statt für jede Immobilie neues Geld zu sparen, nutzen Sie den Wert Ihrer bestehenden Immobilien. Dadurch entsteht ein Kreislauf, der Wachstum beschleunigt.

Ein typischer Ablauf:

- Immobilie kaufen
- Einnahmen steigern
- refinanzieren
- Kapital entnehmen
- neue Immobilie kaufen
- Prozess wiederholen

Diese Methode bildet die Grundlage für skalierbares Wachstum im Immobilienbereich.

Dabei ist es wichtig, den Einfluss auf den Cashflow zu berücksichtigen. Eine höhere Darlehenssumme führt zu höheren monatlichen Kosten. Daher muss sichergestellt werden, dass die Immobilie weiterhin genügend Einnahmen generiert.

Zinssätze spielen ebenfalls eine wichtige Rolle. Eine Refinanzierung zu höheren Zinsen kann kurzfristig den Cashflow reduzieren, langfristig jedoch sinnvoll sein, wenn das freigesetzte Kapital für neue profitable Investitionen genutzt wird.

Eine alternative Strategie ist die Rate-and-Term-Refinanzierung. Hier geht es nicht um Kapitalentnahme, sondern um bessere Kreditkonditionen oder Stabilität, etwa durch Umwandlung in ein Festzinsdarlehen.

Auch kurzfristige Finanzierungen wie Bridge Loans können genutzt werden, um Immobilien schnell zu erwerben, zu optimieren und anschließend langfristig zu refinanzieren. Diese Strategien sind jedoch risikoreicher und erfordern Erfahrung.

Mit wachsendem Portfolio können auch Portfolio-Refinanzierungen interessant werden. Dabei werden mehrere Immobilien in einem Darlehen zusammengefasst, was Verwaltung und Finanzierung vereinfachen kann.

Steuerlich sind Cash-Out-Refinanzierungen oft attraktiv, da die ausgezahlten Mittel in der Regel nicht als Einkommen gelten, sondern als Darlehen. Dennoch sollte dies immer mit einem Steuerberater abgestimmt werden.

Risikomanagement ist entscheidend. Zu hohe Verschuldung kann bei Marktschwankungen gefährlich werden. Daher sollten stabile DSCR-Werte, ausreichende Rücklagen und konservative Annahmen eingehalten werden.

Auch die Auswahl der Immobilie spielt eine wichtige Rolle. Objekte in starken Märkten mit hoher Nachfrage und Wertsteigerungspotenzial eignen sich besser für Refinanzierung und Kapitalfreisetzung.

Ihre langfristige Strategie sollte Ihre Entscheidungen leiten. Ob Wachstum, Cashflow oder Wertsteigerung – jede Refinanzierung sollte auf Ihre Ziele abgestimmt sein.

Die zentrale Idee: Eigenkapital sollte nicht ungenutzt bleiben. Stattdessen wird es aktiv eingesetzt, um neue Einnahmequellen zu schaffen und das Portfolio zu erweitern.

Ein Beispiel verdeutlicht dies: Ein Investor kauft eine Immobilie für 400.000 $, steigert deren Wert und refinanziert sie nach einem Jahr. Dabei entnimmt er 50.000 $ Eigenkapital und nutzt dieses für den Kauf einer zweiten Immobilie. Durch wiederholte Anwendung dieser Strategie baut er innerhalb weniger Jahre ein Portfolio von fünf Immobilien auf, mit einem Gesamtwert von über 2 Millionen $ und einem monatlichen Cashflow von über 7.000 $.

Dieses Beispiel zeigt, wie aus einer einzigen Investition ein wachsendes Portfolio entstehen kann. Entscheidend sind Timing, Performance und strategische Planung.

Die wichtigste Erkenntnis dieses Kapitels: Refinanzierung ist nicht nur ein finanzieller Schritt, sondern ein strategisches Werkzeug. Richtig eingesetzt, ermöglicht sie es Ihnen, Kapital freizusetzen, Wachstum zu beschleunigen und ein skalierbares Airbnb-Portfolio aufzubauen.

*Kapitel 9*

# Finanzierung von Mehrfamilien-Airbnb-Immobilien (2–4 Einheiten und kleine Mehrfamilienhäuser)

Wenn Sie in Ihrer Airbnb-Investitionsreise voranschreiten, ist eine der effektivsten Möglichkeiten zur Beschleunigung Ihres Wachstums der Einstieg in Mehrfamilienimmobilien. Duplexe, Triplexe, Vierfamilienhäuser und kleine Mehrfamilienobjekte bieten die Möglichkeit, mehrere Einkommensströme aus einer einzigen Immobilie zu generieren. Im Kontext der Airbnb-Finanzierung bringen diese Objekte sowohl Vorteile als auch zusätzliche Komplexität mit sich, die ein tieferes Verständnis von Underwriting, Einkommensmodellierung und Deal-Strukturierung erfordern.

Der größte Unterschied zu Einfamilienhäusern liegt in der Einkommensdiversifikation. Statt sich auf eine Einheit zu verlassen, generieren mehrere Einheiten gleichzeitig Einnahmen. Dies erhöht die Stabilität und reduziert das Risiko. Wenn eine Einheit weniger ausgelastet ist, können andere Einheiten dies ausgleichen. Für Kreditgeber ist das ein Vorteil – vorausgesetzt, die Zahlen sind korrekt strukturiert.

Allerdings ist die Finanzierung komplexer. Kreditgeber berücksichtigen, wie jede Einheit genutzt wird, ob die Immobilie den lokalen Vorschriften entspricht und wie die Einnahmen berechnet werden. Einige behandeln 2–4 Einheiten als Wohnimmobilie, andere eher als gewerbliches Objekt, insbesondere wenn alle Einheiten kurzfristig vermietet werden.

Ein zentraler Punkt ist die Einkommensberechnung. Kreditgeber analysieren die Gesamteinnahmen aller Einheiten – inklusive durchschnittlicher Tagesrate (ADR) und Auslastung. Oft werden konservative Annahmen verwendet, um Schwankungen zu berücksichtigen.

Beispiel: Ein Duplex mit zwei Einheiten kann gleichzeitig Einnahmen generieren. Wenn jede Einheit eine ADR von 180 $ und eine Auslastung von 70 % hat, entsteht ein deutlich höheres Gesamteinkommen als bei einer einzelnen Immobilie. Gleichzeitig steigen jedoch auch die Kosten, da jede Einheit separate Betriebskosten verursacht.

Ein weiterer wichtiger Faktor ist die Regulierung. Mehrfamilienobjekte unterliegen oft strengeren Vorschriften als Einfamilienhäuser. Einige Städte erlauben Kurzzeitvermietung nur in bestimmten Zonen oder schränken sie für Mehrfamilienhäuser ein. Daher ist es entscheidend, die lokalen Gesetze vor dem Kauf zu prüfen. Kreditgeber verlangen häufig Nachweise über die Einhaltung dieser Vorschriften.

In Bezug auf Finanzierung sind DSCR- und Non-QM-Darlehen die häufigsten Optionen. Traditionelle Darlehen sind ebenfalls möglich, insbesondere wenn eine Einheit selbst bewohnt wird, berücksichtigen jedoch oft nur langfristige Mieteinnahmen und unterschätzen das Airbnb-Potenzial.

DSCR-Darlehen sind besonders geeignet, da sie die Gesamtleistung der Immobilie bewerten. Durch mehrere Einnahmequellen können höhere DSCR-Werte erreicht werden, was die Finanzierung erleichtert und mehr Sicherheit bietet.

Allerdings erfordern Mehrfamilienimmobilien mehr Kapital. Kaufpreise und Anzahlungen sind höher, ebenso die Betriebskosten. Daher ist ein solides Finanzmanagement entscheidend.

Auch das Management ist komplexer. Mehrere Einheiten bedeuten mehr Buchungen, Reinigung, Wartung und

Kommunikation. Viele Investoren nutzen daher professionelle Verwaltungsdienste oder Automatisierungssysteme.

Hybridstrategien sind ebenfalls möglich. Einige Einheiten können kurzfristig vermietet werden, während andere langfristig vermietet sind. Dies kombiniert stabile Einnahmen mit höheren Airbnb-Renditen.

Eine weitere Strategie ist „House Hacking“ – der Investor wohnt in einer Einheit und vermietet die anderen. Dadurch können günstigere Finanzierungen genutzt werden, während gleichzeitig Einnahmen generiert werden.

Skalierung mit Mehrfamilienimmobilien ist besonders effizient. Statt mehrere einzelne Immobilien zu kaufen, erhalten Sie mehrere Einnahmequellen in einem Objekt. Dies reduziert Transaktionskosten und vereinfacht das Management.

Trotz der Vorteile bleibt Risikomanagement entscheidend. Marktveränderungen, Vorschriften und operative Herausforderungen können die Performance beeinflussen. Daher sind starke DSCR-Werte, Rücklagen und Systeme notwendig.

Ein weiterer wichtiger Punkt ist die Bewertung. Mehrfamilienimmobilien werden oft einkommensbasiert bewertet. Durch Optimierung der Einnahmen können Sie den Wert steigern und zusätzliches Eigenkapital schaffen.

Ein praktisches Beispiel verdeutlicht dies: Ein Investor kauft ein Duplex für 600.000 $. Beide Einheiten generieren zusammen etwa 7.980 $ monatlichen Umsatz. Nach Kosten bleibt ein NOI von 5.586 $, was zu einer DSCR von 1,33 führt.

Durch Optimierung – z. B. bessere Ausstattung und höhere Preise – steigt der Umsatz auf 9.450 $, der NOI auf 6.615 $ und die DSCR auf 1,58. Der monatliche Cashflow wächst deutlich.

Dieses Beispiel zeigt die Stärke von Mehrfamilien-Airbnb-Investitionen:

- Mehrere Einnahmequellen
- Höhere Stabilität
- Stärkere Cashflows
- Schnellere Skalierung

Die wichtigste Erkenntnis dieses Kapitels: Mehrfamilien-Airbnb-Immobilien sind ein leistungsstarkes Werkzeug für Wachstum. Sie bieten höhere Einnahmen und bessere Skalierbarkeit, erfordern jedoch sorgfältige Planung, solides Management und ein tiefes Verständnis der Finanzierung.

*Kapitel 10*

# Fortgeschrittene Strukturierung von Airbnb-Hypothekendarlehen mit DSCR-, vermögensbasierten und kreativen Finanzierungsstrategien

Wenn Sie diese Phase Ihrer Airbnb-Investitionsreise erreichen, denken Sie nicht mehr wie ein Anfänger – Sie denken wie ein Stratege. Sie verstehen, wie man sich qualifiziert, Einnahmen analysiert und Deals strukturiert. Jetzt geht es um die nächste Stufe: die Beherrschung fortgeschrittener Finanzierungsstrukturen. Hier unterscheiden sich Top-Investoren vom Durchschnitt – sie kombinieren mehrere Strategien, um Deals zu realisieren, schneller zu skalieren und sowohl Cashflow als auch Eigenkapitalwachstum zu optimieren.

Fortgeschrittene Strukturierung bedeutet Flexibilität. Jeder Deal ist anders, und Ihre Fähigkeit, verschiedene Finanzierungsinstrumente zu kombinieren, verschafft Ihnen einen enormen Vorteil. Statt zu fragen „Welches Darlehen bekomme ich?“, fragen Sie: „Wie kann ich diesen Deal mit mehreren Finanzierungsstrategien möglich machen?“

Die Grundlage bildet weiterhin das DSCR-Darlehen. Doch auf fortgeschrittenem Niveau wird es strategisch eingesetzt und kombiniert. Sie können es für den Kauf nutzen, später refinanzieren oder mit anderen Finanzierungsformen kombinieren, um Kapitalanforderungen zu reduzieren.

Eine besonders starke Strategie ist die Kombination mit vermögensbasierten Darlehen. Diese berücksichtigen liquide Mittel wie Bankkonten, Wertpapierdepots oder Rentenfonds. Anstatt Einkommen zu prüfen, wird Ihre Zahlungsfähigkeit anhand Ihrer Vermögenswerte bewertet. In Kombination mit DSCR entsteht eine hybride Struktur: Die Immobilie liefert den Cashflow, Ihr Vermögen stärkt die Kreditwürdigkeit.

Eine weitere fortgeschrittene Technik ist die Cross-Collateralization (Kreuzbesicherung). Dabei nutzen Sie Eigenkapital aus bestehenden Immobilien, um neue Käufe zu finanzieren. Dies reduziert den Bedarf an Bargeld, erhöht jedoch das Risiko, da mehrere Objekte miteinander verbunden sind.

Kreative Finanzierungsstrategien erweitern Ihre Möglichkeiten zusätzlich:

- Verkäuferfinanzierung: Flexible Bedingungen direkt mit dem Verkäufer

- „Subject-to"-Deals: Übernahme bestehender Kredite
- Partnerschaften: Kombination von Kapital, Kredit und Know-how

Partnerschaften sind besonders leistungsstark. Ein Partner bringt Kapital ein, ein anderer übernimmt Management oder Strukturierung. So lassen sich größere Deals realisieren, als es allein möglich wäre.

Eine weitere Strategie ist die Schichtung von Finanzierungen innerhalb eines Deals. Beispiel:

- 75 % DSCR-Darlehen
- Teil der Anzahlung über HELOC oder Zweithypothek
- Rest aus Eigenkapital

Dies reduziert den Eigenkapitaleinsatz, erhöht jedoch den Verschuldungsgrad und erfordert sorgfältige Analyse.

Zins-only-Darlehen sind ebenfalls ein Werkzeug. Sie senken kurzfristig die monatlichen Kosten und erhöhen den Cashflow, bauen jedoch kein Eigenkapital auf. Daher sollten sie strategisch eingesetzt werden.

Bridge Loans (Übergangsfinanzierungen) ermöglichen es, Immobilien schnell zu erwerben, zu renovieren und später in langfristige Darlehen umzuwandeln. Diese Strategie eignet sich besonders für Objekte mit Wertsteigerungspotenzial.

Fortgeschrittene Investoren optimieren nicht nur die Genehmigung, sondern die Darlehensbedingungen selbst: Zinssätze, Laufzeiten, Vorfälligkeitsentschädigungen. Ein höherer Zinssatz ohne Strafgebühren kann z. B. mehr Flexibilität bieten.

Auf Portfolio-Ebene wird die Strategie noch wichtiger. Es geht nicht mehr um einzelne Immobilien, sondern um das Zusammenspiel aller Objekte:

- Gesamt-Cashflow
- Durchschnittliche DSCR
- Risikoverteilung
- Liquidität

Mit höherem Hebel steigt auch das Risiko. Deshalb sind Rücklagen, Diversifikation und konservative Planung entscheidend. Fortgeschrittene Strukturierung bedeutet nicht mehr Risiko – sondern intelligenter Einsatz von Risiko.

Timing ist ebenfalls entscheidend. Wann refinanzieren, wann halten, wann verkaufen? Diese Entscheidungen basieren auf Marktbedingungen, Zinsen und Performance.

Auch steuerliche Effizienz spielt eine große Rolle. Durch geschickte Strukturierung, Abschreibungen und Refinanzierungen können Sie Ihre Rendite nach Steuern erheblich verbessern.

Ein praktisches Beispiel zeigt die Umsetzung: Ein Investor kauft eine Immobilie für 800.000 $. Statt 200.000 $ anzuzahlen, nutzt er:

- 75 % DSCR-Darlehen (600.000 $)
- 100.000 $ aus einem HELOC
- 100.000 $ Eigenkapital

Nach Optimierung der Immobilie steigert er Einnahmen und erreicht eine DSCR von 1,23. Ein Jahr später refinanziert er und entnimmt 90.000 $ Eigenkapital für die nächste Investition.

Dieses Beispiel zeigt die Kraft fortgeschrittener Strukturierung:

- Kombination mehrerer Finanzierungsquellen
- Optimierung der Immobilie
- Nutzung von Refinanzierung zur Skalierung

Die wichtigste Erkenntnis dieses Kapitels: Es gibt immer mehrere Wege, einen Deal zu strukturieren. Wer verschiedene

Finanzierungsstrategien versteht und kombiniert, kann Deals realisieren, die anderen verborgen bleiben – und so ein skalierbares, wachsendes Immobilienportfolio aufbauen.

*Kapitel 11*

# Aufbau von Systemen, Automatisierung und Betriebsabläufen für ein skalierbares Airbnb-Geschäft

Mit dem Wachstum Ihres Airbnb-Portfolios verlagert sich die Herausforderung von der Akquisition hin zur effizienten Verwaltung. Viele Investoren unterschätzen diesen Übergang. Eine einzelne Immobilie lässt sich noch gut managen, doch mehrere Objekte werden schnell komplex, wenn keine Systeme vorhanden sind. Genau hier werden Prozesse, Automatisierung und skalierbare Strukturen zur Grundlage für langfristigen Erfolg.

In der Anfangsphase können Sie Buchungen, Kommunikation, Reinigung und Preisgestaltung manuell verwalten. Mit wachsendem Portfolio wird dieser Ansatz jedoch unhaltbar. Der Schlüssel zur Skalierung liegt nicht darin, mehr zu arbeiten, sondern bessere Systeme zu schaffen.

Der erste Schritt ist Standardisierung. Jede Immobilie sollte nach einem einheitlichen System betrieben werden – von der Inseraterstellung über die Kommunikation bis hin zu

Reinigungsprozessen. Dies reduziert Fehler, erhöht Effizienz und sorgt für ein konsistentes Gästeerlebnis.

Die Optimierung der Inserate ist ein zentraler Bestandteil. Professionelle Fotos, überzeugende Beschreibungen und klare Positionierung erhöhen Auslastung und Preise. Ein standardisierter Prozess stellt sicher, dass jede Immobilie von Anfang an optimal performt.

Preisstrategien sind ein weiterer entscheidender Bereich. Da Airbnb-Preise dynamisch sind, ist manuelle Anpassung ineffizient. Automatisierte Tools passen Preise basierend auf Nachfrage, Saison und Wettbewerb an und maximieren so den Umsatz.

Auch die Gästekommunikation lässt sich automatisieren. Vorlagen für Buchungsbestätigungen, Check-in-Anweisungen und Follow-ups sparen Zeit und gewährleisten gleichzeitig Professionalität.

Reinigung und Wartung sind entscheidend für Bewertungen und Wiederbuchungen. Mit wachsendem Portfolio wird die Koordination komplexer. Viele Investoren arbeiten mit spezialisierten Reinigungsfirmen und nutzen Checklisten, um Qualität sicherzustellen.

Ein funktionierendes Wartungssystem ist ebenso wichtig. Ein Netzwerk zuverlässiger Dienstleister sorgt dafür, dass Probleme schnell gelöst werden und Gästezufriedenheit erhalten bleibt.

Channel-Management ist ein weiterer Schlüssel zur Skalierung. Viele Immobilien werden auf mehreren Plattformen gelistet. Automatisierte Systeme synchronisieren Verfügbarkeit und Preise und verhindern Doppelbuchungen.

Finanztracking ist oft unterschätzt, aber essenziell. Sie sollten Einnahmen, Ausgaben, Auslastung, ADR, NOI und Cashflow für jede Immobilie überwachen. Dies ermöglicht datenbasierte Entscheidungen.

Automatisierung kann auch die Buchhaltung übernehmen. Tools erfassen Einnahmen und kategorisieren Ausgaben automatisch, wodurch Sie Zeit sparen und bessere Einblicke erhalten.

Der Aufbau eines Teams wird mit wachsender Größe unvermeidlich. Reinigungskräfte, Wartungspersonal, Property Manager und Kundenservice helfen Ihnen, operative Aufgaben zu delegieren und sich auf Wachstum zu konzentrieren.

Eine zentrale Entscheidung ist, ob Sie selbst verwalten oder outsourcen. Selbstverwaltung bietet höhere Margen, erfordert aber Zeit. Professionelles Management bietet Skalierbarkeit, kostet jedoch einen Teil des Gewinns.

Technologie spielt eine zentrale Rolle. Smart Locks, automatisierte Check-ins, Lärmüberwachung und Energiemanagement verbessern Effizienz und Gästeerlebnis.

Ein nahtloses Gästeerlebnis ist entscheidend. Klare Kommunikation, einfache Prozesse und hochwertige Immobilien führen zu besseren Bewertungen und mehr Buchungen.

Mit zunehmender Größe sollten Sie Ihre Systeme kontinuierlich verbessern. Prozesse, die bei einer Immobilie funktionieren, müssen für mehrere angepasst werden.

Auch Resilienz ist wichtig. Systeme sollten auf unerwartete Ereignisse vorbereitet sein – Stornierungen, Reparaturen oder Nachfrageschwankungen.

Zeitmanagement wird entscheidend. Ihre Zeit sollte auf strategische Aufgaben fokussiert sein: Deals analysieren, neue Immobilien erwerben und das Portfolio optimieren.

Branding kann ebenfalls ein Wettbewerbsvorteil sein. Ein einheitlicher Stil und ein wiedererkennbares Erlebnis schaffen Vertrauen und fördern Wiederbuchungen.

Letztlich geht es darum, ein System zu schaffen, das ohne ständige Kontrolle funktioniert. Nur so können Sie effizient skalieren und langfristig erfolgreich sein.

Ein praktisches Beispiel zeigt dies: Eine Investorin mit drei Immobilien steigert durch Automatisierung ihren Umsatz, senkt Kosten und reduziert ihren Zeitaufwand erheblich. Dadurch kann sie ihr Portfolio auf sechs Immobilien erweitern und ihren monatlichen Cashflow von etwa 3.150 $ auf über 9.000 $ steigern – bei gleichzeitig kontrollierbarem Arbeitsaufwand.

Dieses Beispiel zeigt: Skalierung entsteht nicht nur durch mehr Immobilien, sondern durch bessere Systeme.

Die wichtigste Erkenntnis dieses Kapitels: Erfolgreiches Airbnb-Investing bedeutet, ein Unternehmen aufzubauen – nicht nur Immobilien zu besitzen. Mit den richtigen Systemen, Automatisierung und Prozessen können Sie ein skalierbares, effizientes und profitables Geschäft schaffen.

*Kapitel 12*

# Exit-Strategien, Portfolio-Optimierung und langfristiger Vermögensaufbau mit Airbnb-Investitionen

Wenn Sie diese Phase Ihrer Airbnb-Investitionsreise erreichen, haben Sie gelernt, Immobilien zu erwerben, Finanzierungen zu sichern, Einnahmen zu optimieren und Ihr Portfolio zu skalieren. Einer der wichtigsten Aspekte wird jedoch oft übersehen: die Exit-Strategie. Zu wissen, wann und wie man aus einer Investition aussteigt oder sie neu positioniert, ist genauso entscheidend wie der Kauf selbst.

Eine Exit-Strategie bedeutet nicht nur, eine Immobilie zu verkaufen. Es geht darum, einen klaren Plan zu haben, wie jede Immobilie in Ihre langfristigen finanziellen Ziele passt. Dazu gehören Entscheidungen über Halten, Refinanzieren, Umwandeln oder Verkaufen – abhängig von Marktbedingungen, Performance und persönlichen Zielen.

Eine der häufigsten Strategien ist das langfristige Halten. Dabei behalten Sie die Immobilie und profitieren sowohl von Cashflow als auch von Wertsteigerung. Mit steigenden

Immobilienwerten und sinkenden Kreditsalden wächst Ihr Eigenkapital – eine zentrale Grundlage für Vermögensaufbau.

Doch Halten ist nicht immer optimal. Märkte verändern sich, Vorschriften können strenger werden und die Performance kann schwanken. In solchen Fällen kann ein Verkauf sinnvoller sein, insbesondere wenn hohe Gewinne realisiert werden können.

Eine weitere Strategie ist Refinanzierung und Halten. Sie entnehmen Eigenkapital, behalten die Immobilie und investieren das Kapital neu. Diese Strategie verbindet Cashflow mit Wachstum und ist ein zentraler Bestandteil der Portfolio-Skalierung.

Portfolio-Optimierung bedeutet, Ihre Immobilien kontinuierlich zu analysieren. Kennzahlen wie Cashflow, DSCR, Auslastung und Rendite helfen dabei, schwache Objekte zu identifizieren und zu verbessern oder zu ersetzen.

Eine flexible Strategie ist die Umwandlung. Sie können eine Airbnb-Immobilie in eine langfristige Vermietung umwandeln oder umgekehrt. Dadurch passen Sie sich an Marktbedingungen an und sichern Einnahmen.

Der 1031-Austausch (in den USA) ist ein leistungsstarkes Instrument zur Steueroptimierung. Er ermöglicht es, Gewinne aus einem Verkauf steuerlich aufzuschieben, wenn sie in eine neue Immobilie reinvestiert werden. Dies beschleunigt den Vermögensaufbau erheblich.

Timing spielt eine entscheidende Rolle. Verkaufen in einem starken Markt maximiert Gewinne, während Halten in schwächeren Phasen langfristige Vorteile bringen kann.

Auch das Schuldenmanagement ist wichtig. Refinanzierung, Tilgung oder Umschuldung können Cashflow verbessern und Risiken reduzieren.

Cashflow bleibt das Fundament jeder Strategie. Stabile Einnahmen sichern Ihr Portfolio und ermöglichen neue Investitionen.

Wertsteigerung ist der zweite große Hebel. Während Cashflow kurzfristig wirkt, steigert Wertzuwachs Ihr Nettovermögen langfristig.

Diversifikation schützt vor Risiken. Durch Investitionen in verschiedene Märkte und Immobilientypen wird Ihr Portfolio stabiler.

Steuerstrategien spielen ebenfalls eine zentrale Rolle. Abschreibungen, Abzüge und Refinanzierungen können Ihre Rendite nach Steuern erheblich verbessern.

Langfristig wird auch Nachlassplanung wichtig. Immobilien können genutzt werden, um Vermögen über Generationen hinweg aufzubauen und weiterzugeben.

Mit zunehmender Größe verschiebt sich der Fokus von Wachstum zu Stabilität. Risikoreduktion, Schuldenabbau und Rücklagen werden wichtiger.

Eine fortgeschrittene Strategie ist die Portfolio-Analyse. Statt einzelne Immobilien zu betrachten, analysieren Sie Ihr gesamtes Portfolio:

- Gesamt-Cashflow
- Durchschnittliche DSCR
- Gesamt-Eigenkapital
- Gesamtrendite

Liquidität ist ebenfalls entscheidend. Da Immobilien nicht schnell verkauft werden können, sind Rücklagen oder Kreditlinien wichtig, um flexibel zu bleiben.

Ein praktisches Beispiel zeigt die Auswirkungen verschiedener Strategien: Ein Investor besitzt vier Immobilien mit stabilem Cashflow. Nach Wertsteigerung kann er:

- Halten → stabiler Cashflow + weitere Wertsteigerung
- Refinanzieren → Kapital freisetzen und expandieren

- Verkaufen → Kapital umschichten in profitablere Objekte

Durch Refinanzierung reduziert sich zwar der Cashflow pro Immobilie, aber das freigesetzte Kapital ermöglicht neue Käufe und langfristiges Wachstum.

Dieses Beispiel zeigt: Es gibt keine „beste“ Strategie. Die optimale Entscheidung hängt von Ihren Zielen, Ihrer Risikobereitschaft und den Marktbedingungen ab.

Die wichtigste Erkenntnis dieses Kapitels: Erfolg im Airbnb-Investing wird nicht durch die Anzahl der Immobilien bestimmt, sondern durch deren strategische Nutzung. Wenn Ihre Immobilien zusammenarbeiten, um Cashflow, Eigenkapital und Wachstum zu maximieren, schaffen Sie ein leistungsstarkes System für langfristigen Vermögensaufbau.

*Kapitel 13*

# Erstellung eines wiederholbaren Systems zur Deal-Findung und Finanzierung für Airbnb-Investitionen

Wenn Sie diese Phase Ihrer Airbnb-Investitionsreise erreichen, haben Sie gelernt, wie Finanzierung funktioniert, wie Deals strukturiert werden, wie man skaliert und ein Portfolio verwaltet. Die letzte Entwicklungsstufe besteht darin, all dieses Wissen in ein wiederholbares System zu verwandeln – eine Maschine, die kontinuierlich profitable Airbnb-Deals findet, analysiert, finanziert und abschließt. Genau hier wird aus gelegentlichem Erfolg ein planbares, skalierbares Ergebnis.

Die meisten Investoren scheitern nicht an fehlendem Wissen, sondern an fehlenden Systemen. Sie handeln opportunistisch, analysieren inkonsistent und reagieren statt zu agieren. Ein wiederholbares System eliminiert dieses Chaos. Es schafft Klarheit, Geschwindigkeit und Entscheidungsstärke.

Der erste Baustein ist die Deal-Findung (Deal Sourcing). Sie benötigen einen konstanten Strom an potenziellen Immobilien. Dazu gehören MLS-Angebote, Off-Market-Deals,

Großhändler, Direktmarketing und datenbasierte Tools. Ziel ist nicht ein Deal – sondern ein Deal-Flow.

Die Marktauswahl ist entscheidend. Ihr System sollte klare Kriterien enthalten: Nachfrage, Auslastung, ADR, Regulierung und Wettbewerb. Dadurch konzentrieren Sie sich nur auf profitable Märkte.

Der nächste Schritt ist die Analyse. Jeder Deal sollte nach einem festen Framework bewertet werden:

- Kaufpreis
- Einnahmen
- Betriebskosten
- DSCR
- Cashflow
- Rendite

Durch Standardisierung können Sie Deals schnell vergleichen und die besten auswählen.

Geschwindigkeit ist ein Wettbewerbsvorteil. Ein klares System ermöglicht schnelle Entscheidungen ohne Unsicherheit.

Finanzierung ist der nächste Layer. Statt erst nach einem Deal einen Kreditgeber zu suchen, sollten Sie vorbereitet sein:

- Beziehungen zu DSCR- und Non-QM-Kreditgebern
- Vorabqualifizierung
- Klarheit über Ihre Finanzierungskapazität

Auch die Deal-Strukturierung gehört zum System. Wenn ein Deal nicht sofort funktioniert, sollten Sie wissen, wie Sie ihn anpassen können – z. B. durch höhere Anzahlung oder bessere Einnahmenprognosen.

Due Diligence ist ein kritischer Schritt. Alle Annahmen müssen überprüft werden: Markt, Zustand, Vorschriften und Einnahmen.

Verhandlung ist ein weiterer Hebel. Jeder eingesparte Dollar verbessert Ihre Rendite und Ihre Finanzierung.

Nach Vertragsabschluss führt Ihr System durch den Closing-Prozess – mit klaren Abläufen für Kreditgeber, Gutachter und Titelgesellschaft.

Nach dem Kauf beginnt die Stabilisierung: Immobilie einrichten, Inserat optimieren und Einnahmen steigern. Ziel ist eine schnelle, stabile Performance.

Performance-Tracking ist essenziell. Sie überwachen Kennzahlen wie Auslastung, ADR, NOI und Cashflow. Dies ermöglicht kontinuierliche Optimierung.

Automatisierung unterstützt das gesamte System. Tools für Preisgestaltung, Kommunikation und Verwaltung reduzieren Aufwand und erhöhen Effizienz.

Der Aufbau eines Teams wird mit Wachstum entscheidend. Makler, Kreditgeber, Dienstleister und Property Manager ermöglichen Skalierung.

Der wichtigste Faktor ist Konsistenz. Ein System funktioniert nur, wenn es konsequent angewendet wird. Disziplin führt zu vorhersehbaren Ergebnissen.

Gleichzeitig muss das System kontinuierlich verbessert werden. Durch Analyse vergangener Deals erkennen Sie Schwächen und optimieren Ihren Prozess.

Skalierung bedeutet, mehr Deals zu bearbeiten, ohne die Qualität zu verlieren. Dies kann durch neue Märkte, Partnerschaften oder mehr Deal-Flow erreicht werden.

Risikomanagement ist integriert: Rücklagen, Diversifikation und konservative Annahmen schützen Ihr Portfolio.

Ihr System sollte immer mit Ihren langfristigen Zielen übereinstimmen – ob Cashflow, Wachstum oder Vermögensaufbau.

Ein praktisches Beispiel zeigt die Wirkung: Ein Investor analysiert monatlich 50 Immobilien, identifiziert 10 gute Kandidaten, prüft 3 im Detail und kauft 1–2 pro Jahr.

Ein typischer Deal:

- Kaufpreis: 400.000 $
- Anzahlung: 25 %
- DSCR: 1,35
- Cashflow: ~1.000 $/Monat

Durch Optimierung steigt der Cashflow auf über 1.400 $ und die DSCR auf 1,50.

Nach drei Jahren besitzt der Investor sechs Immobilien mit über 8.000 $ monatlichem Cashflow.

Dieses Beispiel zeigt: Erfolg ist kein Zufall – er ist das Ergebnis eines Systems.

Die wichtigste Erkenntnis dieses Kapitels: Ein wiederholbares System verwandelt Airbnb-Investing in ein skalierbares Geschäft. Mit klaren Prozessen, Automatisierung und Disziplin können Sie konsistente Ergebnisse erzielen und langfristig Vermögen aufbauen.

*Kapitel 14*

# Fortgeschrittenes Risikomanagement, Marktzyklen und Schutz Ihres Airbnb-Portfolios

Mit dem Wachstum Ihres Airbnb-Portfolios und der zunehmenden Komplexität Ihrer Finanzierungsstrategien gewinnt das Risikomanagement enorm an Bedeutung. Auf diesem Niveau wird Erfolg nicht mehr nur daran gemessen, wie viele Immobilien Sie erwerben oder wie hoch Ihr Cashflow ist – sondern daran, wie gut Sie das schützen, was Sie aufgebaut haben. Erfolgreiche Investoren verstehen, dass Märkte zyklisch sind, Risiken sich verändern und langfristige Stabilität von Vorbereitung, Disziplin und Anpassungsfähigkeit abhängt.

Das erste Prinzip des fortgeschrittenen Risikomanagements ist: Risiko ist dynamisch. Ein heute starker Deal kann morgen durch Marktveränderungen, neue Vorschriften oder steigenden Wettbewerb unter Druck geraten. Deshalb verlassen sich erfolgreiche Investoren nicht auf starre Annahmen, sondern überwachen kontinuierlich ihre Performance und passen ihre Strategien an.

Marktzyklen spielen dabei eine zentrale Rolle. Immobilienmärkte durchlaufen typischerweise vier Phasen:

- Expansion (Wachstum, steigende Preise)
- Peak (hohe Preise, starker Wettbewerb)
- Kontraktion (Rückgang, sinkende Nachfrage)
- Erholung (Neuanfang des Zyklus)

Wenn Sie wissen, wo Sie sich im Zyklus befinden, können Sie Ihre Strategie anpassen: Wachstum in guten Zeiten, Stabilität und Schutz in schwierigen Phasen.

Ein entscheidender Schutzmechanismus ist eine starke DSCR. Während Kreditgeber oft 1,20 verlangen, zielen erfahrene Investoren auf 1,30–1,40 oder höher. Dieser Puffer schützt vor Einkommensschwankungen.

Auch der Einsatz von Fremdkapital (Leverage) muss kontrolliert werden. Zu viel Verschuldung kann bei Marktabschwüngen gefährlich werden. Ein ausgewogenes Verhältnis zwischen Eigenkapital und Schulden sorgt für Stabilität.

Rücklagen sind eine der effektivsten Schutzmaßnahmen. Viele erfahrene Investoren halten 6–12 Monate an Betriebskosten als Reserve. Diese Mittel helfen bei Einnahmerückgängen, Reparaturen oder unerwarteten Ereignissen.

Diversifikation reduziert Risiken zusätzlich. Durch Investitionen in verschiedene Märkte und Immobilientypen vermeiden Sie eine zu starke Abhängigkeit von einem einzigen Standort oder Segment.

Regulatorische Risiken sind besonders wichtig im Airbnb-Bereich. Neue Gesetze oder Einschränkungen können Einnahmen beeinflussen. Deshalb ist es entscheidend, Märkte mit stabilen Vorschriften zu wählen und flexible Strategien zu haben, wie z. B. die Umwandlung in langfristige Vermietung.

Operative Risiken dürfen ebenfalls nicht unterschätzt werden. Schlechte Verwaltung führt zu schlechten Bewertungen und sinkender Auslastung. Systeme, Automatisierung und Qualitätskontrollen sind entscheidend, um konstant hohe Leistung zu gewährleisten.

Versicherung und Haftungsschutz sind ein weiterer wichtiger Baustein. Spezielle Policen für Kurzzeitvermietung schützen vor Schäden, Haftungsansprüchen und Einnahmeausfällen.

Auch wirtschaftliche Risiken spielen eine Rolle. In wirtschaftlich schwächeren Zeiten kann die Reisetätigkeit sinken. Einige Märkte bleiben jedoch stabiler als andere.

Zinsrisiken sind besonders relevant bei DSCR- und Non-QM-Darlehen. Steigende Zinsen können Cashflow und Refinanzierungsmöglichkeiten beeinflussen.

Eine fortgeschrittene Technik ist das Stress-Testing. Dabei simulieren Sie verschiedene Szenarien:

- geringere Auslastung
- niedrigere Preise
- höhere Kosten
- steigende Zinsen

So erkennen Sie Schwächen und können Maßnahmen ergreifen, bevor Probleme entstehen.

Liquidität ist ebenfalls entscheidend. Immobilien sind nicht schnell verkäuflich. Rücklagen, Kreditlinien oder Refinanzierungsmöglichkeiten geben Ihnen Flexibilität.

Auf Portfolio-Ebene sollten Sie Ihre Gesamtleistung analysieren:

- Gesamt-Cashflow
- durchschnittliche DSCR
- Gesamtverschuldung
- Diversifikation

Diese Perspektive hilft Ihnen, strategische Entscheidungen zu treffen.

Exit-Strategien sind ebenfalls Teil des Risikomanagements. Mehrere Optionen – Verkauf, Refinanzierung oder Umwandlung – geben Ihnen Flexibilität in unterschiedlichen Marktphasen.

Mit zunehmender Größe kann es sinnvoll sein, Risiken zu reduzieren: Schulden abbauen, schwache Objekte verkaufen oder in stabilere Anlagen investieren.

Ein oft unterschätzter Faktor ist mentale Disziplin. Emotionale Entscheidungen – besonders in volatilen Märkten – führen häufig zu Fehlern. Erfolgreiche Investoren verlassen sich auf Daten und Systeme.

Ein praktisches Beispiel zeigt die Wirkung: Ein Investor mit fünf Immobilien testet verschiedene Szenarien. Sinkt die Auslastung oder der Preis, reduziert sich der Cashflow deutlich und die DSCR fällt nahe an kritische Werte. Durch Rücklagen, Diversifikation und Optimierung bleibt das Portfolio jedoch stabil.

Dieses Beispiel zeigt: Vorbereitung ist der Schlüssel.

Die wichtigste Erkenntnis dieses Kapitels: Risikomanagement bedeutet nicht, Risiken zu vermeiden – sondern sie zu kontrollieren. Wer Marktzyklen versteht und sich vorbereitet, kann sein Airbnb-Portfolio schützen, stabilisieren und langfristig erfolgreich wachsen lassen.

*Kapitel 15*

# Vom Investor zum Betreiber – Aufbau eines langfristigen Airbnb-Geschäfts und Vermächtnisses

Am Ende Ihrer Airbnb-Investitionsreise verändert sich die Perspektive grundlegend. Es geht nicht mehr nur darum, Immobilien zu kaufen und Einnahmen zu generieren – sondern darum, ein langfristiges, nachhaltiges Unternehmen aufzubauen, das ohne Ihre ständige Beteiligung funktioniert und potenziell generationenübergreifenden Wohlstand schafft. Dieses Kapitel steht für Transformation: vom Investor zum Unternehmer.

Die meisten Investoren beginnen mit einer transaktionalen Denkweise. Sie konzentrieren sich auf einzelne Deals, monatlichen Cashflow und kurzfristige Gewinne. Doch echter Vermögensaufbau entsteht nicht durch einzelne Transaktionen, sondern durch Systeme, die kontinuierlich Ergebnisse liefern. Der entscheidende Schritt ist, nicht mehr in Immobilien zu denken, sondern in einem Geschäftssystem.

Ihr Airbnb-Portfolio ist kein Sammelsurium von Objekten – es ist ein operatives Unternehmen. Jede Immobilie ist eine

Einnahmequelle innerhalb eines größeren Systems, das Marketing, Preisstrategie, Gästeerlebnis, Betrieb, Finanzierung und langfristige Planung umfasst. Wenn diese Elemente zusammenarbeiten, entsteht ein skalierbares Geschäft.

Branding wird in dieser Phase entscheidend. Statt isolierter Inserate entwickeln Sie eine klare Identität:

- ein Markenname
- einheitliches Design
- konsistente Qualität
- wiedererkennbare Gästeerlebnisse

Eine starke Marke schafft Vertrauen, erhöht Wiederbuchungen und hebt Sie vom Wettbewerb ab.

Das Gästeerlebnis ist das Fundament dieser Marke. Jede Interaktion – von der Buchung bis zum Check-out – prägt Ihre Reputation. Klare Kommunikation, saubere und hochwertige Unterkünfte sowie durchdachte Details führen zu besseren Bewertungen und mehr Umsatz.

Ein weiterer wichtiger Schritt ist der Aufbau von Direktbuchungen. Plattformen wie Airbnb bieten Reichweite, aber auch Gebühren und Einschränkungen. Eine eigene

Website, E-Mail-Liste oder Social-Media-Präsenz gibt Ihnen mehr Kontrolle und höhere Margen.

Auch die Finanzstruktur entwickelt sich weiter. Sie analysieren nicht mehr einzelne Immobilien, sondern Ihr gesamtes Unternehmen:

- Gesamtumsatz
- operative Margen
- Verschuldung
- Kapitalrendite

Finanzierung wird vom Werkzeug zur Strategie. Sie optimieren Darlehen, strukturieren Schulden neu und nutzen Kapital gezielt für Wachstum.

Der Aufbau eines Teams ist unvermeidlich. Property Manager, Reinigungskräfte, Wartungspersonal und virtuelle Assistenten übernehmen operative Aufgaben, sodass Sie sich auf Strategie konzentrieren können.

Damit verbunden ist Führung. Als Unternehmer geben Sie die Richtung vor, treffen Entscheidungen und stellen sicher, dass Systeme funktionieren. Klare Kommunikation und Verantwortlichkeit sind entscheidend.

Skalierbarkeit ist das Ziel. Ein echtes Unternehmen wächst, ohne dass der Arbeitsaufwand proportional steigt. Dies wird durch Systeme, Automatisierung und Standardisierung erreicht.

Technologie unterstützt diesen Prozess. Property-Management-Systeme, dynamische Preisgestaltung und Automatisierungstools ermöglichen Effizienz und Kontrolle in Echtzeit.

Diversifikation innerhalb des Geschäftsmodells reduziert Risiken. Unterschiedliche Märkte, Immobilientypen und Zielgruppen sorgen für stabile Einnahmen.

Langfristige Planung wird strategischer. Statt nur den nächsten Deal zu betrachten, denken Sie in 5- oder 10-Jahres-Zielen: Wachstum, Refinanzierung, Exit oder Konsolidierung.

Ein fortgeschrittenes Konzept ist zusätzliche Monetarisierung. Mit wachsender Marke können neue Einnahmequellen entstehen: Beratung, Partnerschaften oder sogar Lizenzierung Ihres Systems.

Der Aufbau eines Vermächtnisses ist die letzte Ebene. Immobilien ermöglichen es, Vermögen über Generationen weiterzugeben. Strukturierung, Nachlassplanung und automatisierte Systeme sichern diesen langfristigen Wert.

Risikomanagement bleibt zentral. Mit wachsender Größe steigen auch Risiken. Rücklagen, Diversifikation und strategische Anpassung sichern Stabilität.

Ein oft unterschätzter Vorteil ist die Lebensgestaltung. Ein gut strukturiertes Airbnb-Unternehmen kann Ihnen Zeitfreiheit, Flexibilität und finanzielle Unabhängigkeit ermöglichen.

Ein praktisches Beispiel zeigt diese Transformation: Ein Investor startet mit vier Immobilien und verwaltet alles selbst. Nach Aufbau von Systemen und einem Team sinkt sein kurzfristiger Cashflow, aber sein Zeitaufwand reduziert sich drastisch. Dadurch kann er weitere Immobilien erwerben und sein Portfolio auf sieben Objekte ausbauen.

Durch zusätzliche Optimierungen wie Direktbuchungen steigt sein Gesamteinkommen weiter, während seine Rolle sich von operativer Arbeit zu strategischer Führung entwickelt.

Das Ergebnis:

- höherer Gesamt-Cashflow
- mehr Skalierbarkeit
- geringerer Zeitaufwand

- wachsender Portfoliowert

Die wichtigste Erkenntnis dieses Kapitels: Airbnb-Investing ist nicht nur eine Investitionsstrategie – es ist ein Weg, ein Unternehmen aufzubauen. Wenn Sie Systeme, Marke, Team und Strategie kombinieren, schaffen Sie ein skalierbares Geschäftsmodell, das langfristigen Wohlstand, Freiheit und ein echtes Vermächtnis ermöglicht.

# Abschließende Gedanken

Meisterschaft, Momentum und der Weg nach vorne

Während Sie das Ende dieser Reise durch die Reihe „Airbnb Mortgage Loan Mastery“ erreichen, ist es wichtig, einen Moment innezuhalten und zu erkennen, was Sie aufgebaut haben – nicht nur an Wissen, sondern auch an Perspektive. Was als Einführung in die Airbnb-Finanzierung begann, hat sich zu einem vollständigen Rahmen entwickelt, um Immobilieninvestitionen zu erwerben, zu strukturieren, zu skalieren und schließlich in ein langfristiges Unternehmen zu verwandeln. Sie denken nicht mehr wie ein Anfänger. Sie denken wie ein Stratege, ein Betreiber und ein Architekt Ihrer finanziellen Zukunft.

Im Verlauf dieser Reihe ist ein Prinzip konstant geblieben: Erfolg im Airbnb-Investing ist kein Zufall. Er ist das Ergebnis von Systemen, Strategie und disziplinierter Umsetzung. Jedes Kapitel hat diesen Gedanken verstärkt – von der Funktionsweise von DSCR-Darlehen über die Strukturierung von Deals bis hin zur Skalierung von Portfolios, dem Risikomanagement, der Optimierung von Abläufen und dem Aufbau eines Unternehmens.

Im Zentrum dieses Systems steht Hebelwirkung – nicht nur finanziell, sondern auch strategisch. Sie haben gelernt, Finanzierung zu nutzen, um Vermögenswerte zu kontrollieren, Daten zur Entscheidungsfindung einzusetzen und Systeme aufzubauen, um effizient zu skalieren. Diese Hebel ermöglichen es Ihnen, mit weniger mehr zu erreichen und Ihren Fortschritt zu beschleunigen.

Doch Hebelwirkung ohne Disziplin kann instabil sein. Deshalb wurde Risikomanagement so stark betont. Marktzyklen verstehen, starke DSCR-Werte aufrechterhalten, Rücklagen bilden und diversifizieren – all das ist nicht optional, sondern essenziell für nachhaltiges Wachstum.

Ein weiterer zentraler Punkt ist Anpassungsfähigkeit. Der Airbnb-Markt verändert sich ständig – Vorschriften, Wettbewerb und wirtschaftliche Bedingungen entwickeln sich weiter. Erfolgreiche Investoren bleiben flexibel, lernen kontinuierlich und passen ihre Strategien an.

Mit der Zeit wird klar: Airbnb-Investing dreht sich nicht nur um Immobilien, sondern um Systeme. Ein wiederholbarer Prozess zur Deal-Findung, Finanzierung, Optimierung und Skalierung macht Ihr Geschäft vorhersehbar und stabil.

Der Übergang vom Investor zum Unternehmer ist einer der wichtigsten Schritte. Sie fokussieren sich nicht mehr auf einzelne Deals, sondern auf die Gesamtleistung Ihres Portfolios. Sie arbeiten nicht mehr nur im Geschäft, sondern am Geschäft.

Dieser Wandel eröffnet neue Möglichkeiten. Mit einem skalierbaren System können Sie neue Märkte erschließen, verschiedene Immobilientypen nutzen und zusätzliche Einnahmequellen schaffen. Ihr Unternehmen wird zu einer Plattform für Wachstum.

Ein besonders kraftvoller Aspekt dieser Reise ist der langfristige Vermögensaufbau. Immobilien kombinieren Cashflow, Wertsteigerung und steuerliche Vorteile. In Verbindung mit strategischer Finanzierung entsteht ein Zinseszinseffekt, der Ihr Wachstum beschleunigt.

Dennoch ist es wichtig zu verstehen: Dies ist kein Wettlauf. Der Aufbau eines erfolgreichen Airbnb-Geschäfts erfordert Zeit, Geduld und Konsequenz. Herausforderungen gehören dazu – sie sind Teil des Lernprozesses.

Konsistenz ist der Schlüssel. Es geht nicht um perfekte Entscheidungen, sondern um kontinuierlich gute

Entscheidungen. Diese Disziplin schafft Stabilität und langfristigen Erfolg.

Ebenso wichtig ist Klarheit. Ihre Ziele – finanzielle Freiheit, passives Einkommen oder Vermögensaufbau – bestimmen Ihre Strategie. Klare Ziele führen zu besseren Entscheidungen.

Kontinuierliches Lernen bleibt entscheidend. Märkte verändern sich, neue Strategien entstehen, und wer informiert bleibt, bleibt wettbewerbsfähig.

Beziehungen spielen ebenfalls eine große Rolle. Kreditgeber, Makler, Investoren und Dienstleister sind Teil Ihres Netzwerks und tragen maßgeblich zu Ihrem Erfolg bei.

Vergessen Sie nicht, Ihren Fortschritt zu würdigen. Jeder Deal, jede Immobilie und jeder Meilenstein bringt Sie weiter. Erfolg entsteht Schritt für Schritt.

Während Sie nach vorne blicken, überlegen Sie, was Ihr nächster Schritt ist – Ihre erste Immobilie, die nächste Skalierungsstufe oder die Optimierung Ihrer Systeme.

Wissen allein reicht nicht aus. Der wahre Wert entsteht durch Umsetzung. Handeln, testen, anpassen – das ist der Weg zu Ergebnissen.

Letztlich geht es bei dieser Reise um mehr als Immobilien. Es geht um Freiheit – finanzielle Freiheit, Zeitfreiheit und Entscheidungsfreiheit. Es geht darum, ein System zu schaffen, das Ihr Leben unterstützt.

Sie verfügen jetzt über die Werkzeuge:

- Finanzierung verstehen
- Deals strukturieren
- Portfolios skalieren
- Risiken managen

Der Weg liegt vor Ihnen. Ob schnell oder schrittweise – bleiben Sie diszipliniert, flexibel und fokussiert.

Dies ist nicht das Ende Ihrer Reise. Es ist der Anfang von dem, was als Nächstes kommt.

# So erhalten Sie eine personalisierte Bewertung für Airbnb-Hypothekendarlehen

Wenn Sie Airbnb Mortgage Loan Fundamentals: Wie Hypothekendarlehen für Kurzzeitvermietungen funktionieren und wie man sich qualifiziert aus der Reihe Die Airbnb-Hypothekendarlehen-Meisterklasse-Serie hilfreich fanden, möchten Sie möglicherweise sehen, wie diese Strategien auf Ihre eigene finanzielle Situation und Ihre Investitionsziele angewendet werden können. Das Profil jedes Investors ist einzigartig. Immobilientyp, Standort, prognostizierte Airbnb-Einnahmen, Kreditwürdigkeit, verfügbares Kapital und Kreditrichtlinien beeinflussen, für welche Darlehensprogramme Sie sich qualifizieren können und wie Ihr Deal strukturiert werden kann.

Die Beispiele in diesem Buch dienen dazu, zu erklären, wie Airbnb-Hypothekendarlehen funktionieren – Ihre tatsächlichen Optionen können jedoch nur durch die Prüfung Ihrer individuellen Zahlen und Ihres Investitionsszenarios bestimmt werden.

Sie können hier eine unverbindliche Beratung zu Airbnb-Hypothekendarlehen anfordern:

E-Mail: info@FinibiMortgage.com

Ein lizenzierter Hypothekenexperte wird Ihr Szenario prüfen und Ihnen erläutern, welche Airbnb-Finanzierungsoptionen für Sie infrage kommen, einschließlich DSCR-Darlehen, Non-QM-Programmen und alternativen Qualifikationsstrategien basierend auf Ihrer Immobilie und Ihrem Finanzprofil.

Keine Kosten. Kein Druck. Keine Verpflichtung.

Mit freundlichen Grüßen,

Joseph G. Correa

Lizenzierter Hypothekendarlehensvermittler
Finibi Mortgage Inc.

# Über den Autor

Joseph G. Correa ist ein lizenzierter Hypothekenmakler und Gründer von Finibi Mortgage, einem in Florida ansässigen Unternehmen, das sich auf die Finanzierung von Immobilieninvestitionen, Airbnb- und Kurzzeitvermietungsdarlehen sowie alternative Kreditstrategien für Investoren, Unternehmer und Selbstständige spezialisiert hat. Mit mehr als zwei Jahrzehnten Erfahrung in der Hypothekenvergabe, im Underwriting und in der Finanzstrukturierung hat Joseph Tausenden von Kunden geholfen, Finanzierungen durch intelligente, flexible Kreditstrategien zu sichern, die speziell für moderne Immobilieninvestitionen entwickelt wurden.

Im Gegensatz zu traditionellen Kreditberatern, die sich ausschließlich auf den Abschluss von Transaktionen konzentrieren, basiert Josephs Ansatz auf dem langfristigen Vermögensaufbau. Er ist davon überzeugt, dass Hypothekenfinanzierung – insbesondere für Airbnb- und Anlageimmobilien – als strategisches Instrument genutzt werden sollte, um Cashflow zu generieren, Portfolios zu skalieren und finanzielle Unabhängigkeit zu erreichen. Seine Philosophie basiert auf dem intelligenten Einsatz von Fremdkapital, sodass Investoren wachsen können, ohne sich ausschließlich auf persönliches Einkommen oder traditionelle Kreditbeschränkungen verlassen zu müssen.

Joseph ist weithin anerkannt für seine Expertise in DSCR-Darlehen, Non-QM-Finanzierungen, Kurzzeitvermietungsdarlehen, Bankauszugsprogrammen und kreativer Deal-Strukturierung. Er ist darauf spezialisiert, Investoren dabei zu helfen, sich auf Basis der Einnahmen der Immobilie und nicht ihres persönlichen Einkommens zu qualifizieren. Dadurch ermöglicht er es Anfängern, Selbstständigen und erfahrenen Investoren, Airbnb-Portfolios aufzubauen und zu skalieren. Seine Fähigkeit, komplexe Kreditkonzepte in klare, umsetzbare Strategien zu übersetzen, hat unzähligen Menschen geholfen, mit Vertrauen in den Immobilienmarkt einzusteigen.

Joseph hat die Reihe *The Airbnb Mortgage Loan Mastery Series* entwickelt, um Investoren dasselbe Finanzierungswissen zu vermitteln, das von Banken, privaten Kreditgebern und institutionellen Immobilieninvestoren genutzt wird. Seine Mission ist einfach: Menschen zu helfen, zu verstehen, wie sie sich qualifizieren, Deals strukturieren und mit modernen Finanzierungsstrategien skalieren können – um profitable Airbnb-Geschäfte und langfristigen Wohlstand aufzubauen.

Wenn er nicht gerade Deals strukturiert oder schreibt, arbeitet Joseph direkt mit Investoren und Kreditnehmern in den gesamten Vereinigten Staaten zusammen, um maßgeschneiderte Finanzierungsstrategien zu entwickeln, die auf deren Ziele, Immobilientypen und Wachstumspläne abgestimmt sind.

# Die Roadmap der Airbnb-Hypothekendarlehen-Meisterklasse-Serie

## Der professionelle Leitfaden zur Finanzierung, Skalierung und Profitgenerierung mit Kurzzeitvermietungsimmobilien

Ziel der Reihe *Die Airbnb-Hypothekendarlehen-Meisterklasse-Serie* ist es, Investoren dieselben Finanzierungsstrategien zu vermitteln, die von Banken, Kreditgebern und institutionellen Immobilienakteuren genutzt werden – übersetzt in klare, praxisnahe Anleitungen für alltägliche Investoren. Jedes Buch baut auf dem vorherigen auf und führt Sie von den Grundlagen bis hin zu fortgeschrittener Deal-Strukturierung, Portfolio-Skalierung und langfristigem Vermögensaufbau mit Airbnb- und Kurzzeitvermietungsimmobilien.

Buch 1 — Grundlagen der Airbnb-Hypothekendarlehen

Dieses Buch legt das Fundament. Sie verstehen, wie Airbnb-Hypothekendarlehen funktionieren, was sie von traditionellen Finanzierungen unterscheidet und wie Kreditgeber Kurzzeitvermietungsimmobilien bewerten. Sie lernen die Kernkonzepte von DSCR, Non-QM-Darlehen und einkommensbasierter Qualifikation sowie, wer sich qualifiziert und wie Sie Ihren ersten Deal strukturieren.

Buch 2 — DSCR-Airbnb-Hypothekendarlehen
Dieses Buch konzentriert sich auf eines der stärksten Werkzeuge im Airbnb-Investing: DSCR-Darlehen. Sie lernen, sich über Mieteinnahmen statt persönliches Einkommen zu qualifizieren und wie Sie Ihre Immobilie optimal positionieren.

Buch 3 — Airbnb-Hypothekendarlehen für Anfänger
Dieses Buch richtet sich an Einsteiger. Es zeigt Ihnen Schritt für Schritt, wie Sie Ihre erste Airbnb-Immobilie kaufen, Deals analysieren und typische Hürden überwinden.

Buch 4 — Hypothekendarlehen für Airbnb-Investitionsimmobilien
Hier geht es um Skalierung. Sie lernen, mehrere Immobilien zu finanzieren, ein Portfolio aufzubauen und den Cashflow zu optimieren.

Buch 5 — Airbnb-Hypothekendarlehen ohne Einkommensnachweis
Dieses Buch behandelt fortgeschrittene Qualifikationsstrategien. Sie lernen, wie Sie sich ohne

Steuererklärungen über DSCR-, Kontoauszugs- und alternative Programme qualifizieren können.

Buch 6 — Luxus-Airbnb-Hypothekendarlehen
Fokus auf High-End-Immobilien. Sie lernen, Luxusobjekte zu finanzieren, hohe Einnahmen zu analysieren und Risiken zu steuern.

Buch 7 — Airbnb-Hypothekendarlehen für Ferienimmobilien
Dieses Buch zeigt, wie Sie Zweitwohnsitze finanzieren und in profitable Kurzzeitvermietungen umwandeln.

Buch 8 — Refinanzierung und Cash-Out-Strategien
Hier lernen Sie, Eigenkapital freizusetzen, zu reinvestieren und Ihr Wachstum zu beschleunigen.

Buch 9 — Airbnb-Hypothekendarlehen für Mehrfamilienimmobilien
Fokus auf Duplexe, Triplexe und kleine Mehrfamilienhäuser mit mehreren Einkommensströmen.

Buch 10 — Fortgeschrittene Strukturierung von Airbnb-Darlehen
Dieses Buch kombiniert alle Strategien. Sie lernen, DSCR, vermögensbasierte und kreative Finanzierung zu nutzen, um komplexe Deals umzusetzen.

Diese Reihe kann Schritt für Schritt durchlaufen oder als Nachschlagewerk genutzt werden – je nach Ihrem aktuellen Stand. Ziel ist es, Ihnen die Werkzeuge zu geben, um Airbnb-Investitionen erfolgreich zu finanzieren, zu strukturieren und zu skalieren.

Ziel der Reihe:
Ein profitables, langfristiges Immobiliengeschäft aufzubauen.

## Bildungs- und Finanzhinweis

Dieses Buch dient ausschließlich Bildungs- und Informationszwecken. Autor und Verlag bieten keine rechtliche, steuerliche oder finanzielle Beratung. Obwohl Joseph G. Correa ein lizenzierter Hypothekendarlehensvermittler ist, stellen die Inhalte keine individuelle Beratung dar.

Hypothekenprogramme, Zinssätze und Anforderungen variieren je nach Kreditgeber, Standort und Marktbedingungen und können sich jederzeit ändern. Die Beispiele im Buch sind hypothetisch und dienen nur zur Veranschaulichung.

Kurzzeitvermietungserträge hängen von Nachfrage, Wettbewerb, Saison, Management und Vorschriften ab und sind nicht garantiert. Vor finanziellen Entscheidungen sollten Sie immer qualifizierte Fachleute konsultieren.

## Risikohinweis

Immobilieninvestitionen und Kurzzeitvermietungen sind mit Risiken verbunden. Einnahmen können schwanken, und es gibt keine Garantie für konstante Auslastung oder Gewinne.

Finanzierung erhöht den Hebel und damit das Risiko. Zahlungsausfälle können zur Zwangsvollstreckung führen. DSCR- und Non-QM-Darlehen können höhere Zinsen und strengere Bedingungen haben.

Auch gesetzliche Änderungen können Ihre Fähigkeit beeinflussen, eine Immobilie als Airbnb zu betreiben. Investoren sind für die Einhaltung aller Vorschriften verantwortlich.

Dieses Buch vermittelt strukturierte und strategische Ansätze, doch keine Strategie ist risikofrei. Alle finanziellen Entscheidungen und Ergebnisse liegen in der Verantwortung des Lesers.

www.ingramcontent.com/pod-product-compliance
Lightning Source LLC
LaVergne TN
LVHW022005200926
848481LV00007B/2244